1. 음향전문사 자격증 제도

 국내 음향 산업 역사도 60여년이 되었다. 그 동안에는 대학에 관련 학과도 없어서 유사한 분야나 전혀 다른 분야를 공부하고 관심있는 사람들이 음향 산업을 발전시켜 왔다. 최근에는 음향 관련학과가 많은 대학에 신설되고 많은 학생들이 사회에 배출되고 있는 상황이다. 그러나 아직 체계적인 음향 기술 교육 과정이 없는 실정에서 체계적 교육 과정을 만들어 가야 하고, 이것을 평가할 수 있어야 한다. 또한 음향 업계에서는 우수한 음향 전문 인력의 수요가 증가되어 가고 있는 상황에서 음향 기술 자격 제도가 필요하다.

 음향전문사 자격증 제도는 대학이나 현장에서 음향을 전문으로 공부한 학생들의 목표 설정을 위한 제도이다. 음향전문사 자격증은 음향 산업 발전을 한 단계 올리고자 하는 목적으로 만들어진 것으로 산업 현장에서 최소한 알고 있어야 할 음향 지식을 가지고 있는 엔지니어에게 자격증을 수여하여 음향 엔지니어의 위상을 제고하기 위한 것이다. 이 자격증 제도가 국내 음향기술 산업을 한 단계 올릴 수 있는 계기가 되었으면 한다.

2. 한국음향학회 소개

 한국음향학회는 1981년 창립되어 40년의 역사를 가지고 있으며, 현재 3,000여명의 학계 및 산업체의 회원들이 있으며, 전기음향 연구회, 건축음향 연구회, 음성처리 연구회를 비롯 음향신호처리 연구회, 음향통신기술 연구회, 심리 및 음악음향 연구회, 뉴미디어 연구회, 수중음향 연구회, 물리음향 및 광음향 연구회, 초음파 연구회, 구조음향 연구회, 언어 및 실험 음성 연구회의 12개 학술 연구회를 구성하여 각기 속한 분야에서 활발한 학술 활동을 하고 있다. 또, 매년 12회(국문지 8회, 영문지 4회) 학술지를 발간하고 있으며, 학술 행사로는 총회 및 정기 학술발표대회를 비롯하여 춘계 추계 학술발표대회, 음향기술 워크샵, 건축음향 워크샵, 수중음향 학술발표회, 신호처리 합동학술대회, 음성통신 및 신호처리 학술대회 등을 매년 개최하고 있다. 본 학회는 한국학술진흥재단에 등재된 A급 학회이다.

3. 응시 자격

구 분	응시 자격	비고
음향전문사 3급 Sound Engineer (3rd grade)	– 16세 이상인자로서 학력과 경력 무관	필기시험

음향전문사 2급 Sound Engineer (2nd grade)	- 대학 2학년 재학 이상인 자 - 현장 실무경력 2년 이상인 자(학력 무관) - 3급 합격후 2년 경과자	필기시험
음향전문사 1급 Sound Engineer (1st grade)	- 대학 4학년 재학 이상인 자 - 음향전문사 2급 합격 후 2년 경과자 - 전문대학 졸업 후 현장실무경력 2년 경과자 - 음향과 통신 등 관련 분야 5년 이상 경력자	필기시험

4. 시험 방법

구 분	과목 / 점수	문항	합격 점수	비 고
음향전문사 3급	1교시 이론 100점	100문항	60점 이상	- 이론시험만 실시
	2교시 실기 없음	-	-	
음향전문사 2급	1교시 이론 100점	100문항	134점 이상	- 과락: 60점 미만
	2교시 실기 100점	5문항		
음향전문사 1급	1교시 이론 100점	100문항	140점 이상	- 과락: 60점 미만
	2교시 실기 100점	5문항		

5. 시험 과목

1) 1교시 시험 (음향 이론, 음향 기기, 고급음향기술 100문항 선다형) 90분
2) 2교시 시험 ; 실기 (서술형) 60분, 3급은 실기 시험 없음

6. 제출서류

1) 3급
   - 응시원서 1부

2) 2급
   - 응시원서 1부
   - 2학년 이상 대학 재학증명서 (또는 졸업증명서) 1부 또는
   - 경력 증명서 1부(의료보험 또는 연금 가입 증명서) 또는
   - 음향전문사 3급 자격증 사본 1부

3) 1급
   - 응시 원서 1부
   - 4학년 이상 대학 재학증명서 (또는 졸업증명서) 1부 또는
   - 음향전문사 2급 자격증 사본 1부 또는
   - 5년 이상 경력 증명서 1부(학력 무관, 의료보험 또는 연금 가입 증명서)

7. 한국음향학회 음향전문사 자격증 규정 요약

자격증 소지자의 역할
자격증 소지자는 다음 각 호의 역할을 수행하면서 국내 음향기술의 선도적인 역할을 수행한다.
1. 음향시스템 설계 및 설비, 측정 및 조정
2. 라이브 음향 엔지니어
3. 녹음 엔지니어
4. 음향 측정 및 평가
5. 건축음향 설계 및 평가
6. 기타 자격증 소지자와 관련된 주요 사항

음향전문사 3급 자격증 취득의 자격
음향에 관심 있는 만16세 이상인 자(학력 및 경력 제한 없음)가 응시할 수 있다.

음향전문사 2급 자격증 취득의 자격
본 학회는 다음 각 호의 자격을 모두 갖춘 자에게 음향엔지니어 2급 자격증을 수여할 수 있다.
   1. 대학 2학년 재학 이상인 자로 본 학회가 시행하는 음향전문사 2급 자격증 시험에 합격한 자
   2. 현장 실무경력 2년 이상인 자(학력은 관계없음)로 본 학회가 시행하는 음향전문사 2급 자격증 시험에 합격한 자
   3. 음향전문사 3급 자격 인증 취득 후 2년 경과자

음향전문사 1급 자격증 취득의 자격
본 학회는 다음 각 호의 자격을 모두 갖춘 자에게 음향엔지니어 1급 자격증을 수여할 수 있다.
   1. 대학 4학년 재학 이상인 자로 본 학회가 시행하는 음향전문사 1급 자격증 시험에 합격한 자
   2. 음향전문사 2급 합격 후 2년 이상 경과자로 본 학회가 시행하는 음향전문사 1급 자격증

시험에 합격한 자
3. 대학 2년제 이상 졸업 후 현장실무경력 2년 이상 경과자로 본 학회가 시행하는 음향 엔지니어 1급 자격증 시험에 합격한 자
4. 음향 관련 업체 및 관련 기관 5년 이상 경력자(전공 및 학력 무관)로 본 학회가 시행하는 음향전문사 자격증 시험에 합격한 자에게 음향전문사 자격증을 수여할 수 있다.

관련 분야 구분 시험자격 관련 분야는 음향, 영상, 정보통신, 전기, 전자, 멀티미디어, 리코딩 분야 등 음향관련 제반 분야를 말한다.

* 자세한 내용은 홈페이지 www.aes.or.kr를 참조

목차

Part 1. 음향 이론   7
    1. 기초 음향   9
    2. 음원의 종류   35
    3. 심리 음향   43
    4. 입체 음향   54
    5. 음향 특성 데이터   59

Part 2. 음향 기기   67
    6. 마이크   69
    7. 스피커   80
    8. 믹서   99
    9. 앰프   103
    10. 음향 효과기   109
    11. 디지털 오디오   120
    12. 케이블과 커넥터   123

Part 3. 고급 음향 기술   127
    13. 전기 음향   129
    14. 공간 음향   146
    15. 음향 시스템   170
    16. 음향 측정   187
    17. 음향 제작   198

Part 4. 기술형 문제   205

Part 1
음향 이론

1. 기초 음향

1. 매질의 운동 방향과 파동의 전달 방향이 수직인 파동은?
1) 구면파　　　　2) 접선파　　　　3) 종파　　　　4) 횡파
☞ 스프링과 같이 파의 진행 방향과 매질의 운동의 방향이 같으면 종파(longitudinal wave)라고 한다. 공기에 의해 전달되는 음파는 종파이다. 한편, 물의 파면과 같이 파의 진행 방향과 매질의 운동 방향이 수직인 파는 횡파(transversal wave)라고 한다.

2. 소밀파의 압력 변화 크기를 무엇이라고 하는가?
1) 파면　　　　2) 주기　　　　3) 음압　　　　4) 종파

3. 매질의 운동 방향과 파동의 전달 방향이 같은 파동은?
1) 종파　　　　2) 횡파　　　　3) 경면파　　　　4) 사각파

4. 다음 파 중에서 종파는?
1) 전파　　　　2) 빛　　　　3) 물결파　　　　4) 음파

5. 용수철을 앞뒤로 흔들 때의 파동은?
1) 종파　　　　2) 횡파　　　　3) 접선파　　　　4) 표면파

6. 파면의 형태가 구면인 파는?
1) 종파　　　　2) 평면파　　　　3) 횡파　　　　4) 구면파

7. 파면의 형태가 평면인 파는?
1) 종파　　　　2) 음선　　　　3) 평면파　　　　4) 구면파

8. 파면과 수직인 직선으로 음이 전달되는 경로를 나타내는 선은?
1) 주기　　　　2) 평면파　　　　3) 음압　　　　4) 음선

9. 음파가 진행할 때 특정 시간에 같은 크기를 갖는 점을 이은 선은?
1) 음선　　　　2) 파면　　　　3) 음속　　　　4) 주기

1) 4　　2) 3　　3) 1　　4) 4　　5) 1　　6) 4　　7) 3　　8) 4　　9) 2

10. 음속이 가장 빠른 매질은?
1) 다이아몬드   2) 공기   3) 진공   4) 물
☞ 매질의 종류에 따라서 음속도 달라진다. 수중에서 약 1,500m/s, 금속 중에서는 5,000m/s 정도이고, 다이아몬드와 같이 딱딱한 재료 속에서는 10,000m/s 정도이다. 그러나 진공 중에서는 매질이 없으므로 소리가 전달되지 않는다.

11. 다음 매질 중에서 음파의 전달이 가장 빠른 것은?
1) 진공   2) 공기   3) 철   4) 물

12. 온도(t℃)에 따른 음속을 구하는 식은?
1) $c = 331.5+0.6t^3$ 2) $c = 331.5+0.6t^2$ 3) $c = 331.5+0.6t$ 4) $c = 331.5^2+0.6t$

13. 기온이 30℃일 때 음속은?
1) 349.5 m/s   2) 359.5 m/s   3) 369.6 m/s   4) 379.6 m/s
☞ $c = 331.5+0.6t = 331.5+0.6 \times 30 = 349.5 m/s$

14. 상온에서 음이 1ms 지연되면 거리는 얼마에 해당되는가?
1) 3.4cm   2) 34cm   3) 3.4m   4) 34m
☞ 1초(1000ms)에 340m 진행하므로 1ms에 0.34m(34cm) 진행한다.

15. 상온에서 다른 음보다 1.5ms 지연된 음은 거리로는 얼마인가?
1) 3.4cm   2) 34cm   3) 44cm   4) 51cm
☞ 1초(1000ms)에 340m 진행하므로 1.5ms에 (340×1.5)/1000=0.51m(=51cm) 진행한다.

16. 음향 파워 레벨 PWL을 나타내는 식은?
1) $PWL = 10\log(W/W_0)^2$
2) $PWL = 1/10\log(W/W_0)$
3) $PWL = 10\log(W/W_0)$
4) $PWL = 20\log(W/W_0)$
☞ 음향 파워(또는 음향 출력)는 음원으로부터 1초 동안에 발생되는 음파의 에너지를 말한다. 기준 음향 파워 W_0에 대한 음향 파워 W의 음향 파워 레벨(sound power level)은 다음 식과 같다. 여기에서 기준치는 $W_0 = 10^{-12}$ W이다.

$$PWL = 10\log_{10}\frac{W}{W_0} \quad [dB]$$

17. 음향 파워를 2배로 증가시키면 음향 파워 레벨은 얼마가 증가되는가?
   1) 2dB　　　　　　2) 3dB　　　　　　3) 5dB　　　　　　4) 6dB
   ☞ 10log(2W/1W)=3dB 증가된다.

18. 음향 파워가 0.1W이고, 기준 파워가 10^{-12}W일 때의 음향 파워 레벨은?
   1) 110dB　　　　　2) 120dB　　　　　3) 130dB　　　　　4) 140dB
   ☞ PWL = 10log(0.1/10^{-12})=10log10^{11}=110dB

19. 음향 파워를 10배로 증가시키면 음향 파워 레벨은 얼마가 증가되는가?
   1) 2dB　　　　　　2) 3dB　　　　　　3) 5dB　　　　　　4) 10dB
   ☞ 10log(10W/1W)=10dB 증가된다.

20. 음향 파워 레벨 PWL이 110dB일 때 음향 파워는?
   1) 0.1W　　　　　　2) 1W　　　　　　3) 10W　　　　　　4) 100W
   ☞ PWL=10log(x/10^{-12})=110dB → x=10^{-12}×$10^{110/10}$= 0.1W

21. 음향 파워 레벨에 관한 기술 중에서 맞는 것은?

   ① 음향 파워 레벨은 음원 출력을 나타내는 것이다.
   ② 음향 파워 레벨은 측정하는 장소에 관계없이 일정하다.
   ③ 음향 파워 레벨의 기준은 10^{-10}W이다.
   ④ 음향 파워가 10배가 되면 음향 파워 레벨은 10dB 커진다.

   1) ①, ②　　　　　2) ①, ③　　　　　3) ①, ②, ④　　　　4) ③, ④

22. 음향 파워 레벨에 관한 설명 중에서 맞는 것은?
   1) 음향 파워 레벨의 기준은 10^{-10}W이다.
   2) 음향 파워 레벨은 측정하는 장소에 따라 다르다.
   3) 음향 파워 레벨은 음원 파워를 나타내는 것이다.
   4) 음향 파워가 20배가 되면 음향 파워 레벨은 20dB 커진다.

23. 음압 진폭이란 어떻게 표현되는가?
1) 음압 실효값
2) $4\sqrt{2}$ 음압 실효값
3) $3\sqrt{2}$ (순간 음압)$^{-2}$
4) (순간 음압)^2

24. 음압의 단위는?
1) dB
2) Pa
3) phon
4) dB(A)

☞ 물체가 진동하면 이 진동이 대기압을 변화시키고, 이 변화가 고막을 진동시켜 소리로서 들리게 되는 것이다. 즉, 소리는 대기압의 압력 변화이며, 이 변동분을 음압(sound pressure)이라고 하고, 소리의 물리적인 크기를 나타낸다. 음압은 압력이므로 압력의 단위 Pa (Pascal, 파스칼)을 사용한다. 1Pa은 1m^{2}에 1N(Newton=약 0.1kg)의 힘이 가해진 상태이다. 1기압은 약 1000hPa(헥토 파스칼, 헥토는 100배의 의미)이며, 즉 100000Pa이다.

25. 음압 레벨(SPL)을 올바르게 정의한 것은?
1) $10\log(p/p_o)$
2) $20\log(p/p_o)$
3) $30\log(p/p_o)$
4) $40\log(p/p_o)$

26. 음압 레벨을 측정하는데 기준이 되는 음압은?
1) 5μPa
2) 10μPa
3) 15μPa
4) 20μPa

☞ 음압 레벨(sound pressure level; SPL)은 SPL=$20\log(p/p_0)$[dB]로 구한다. 여기에서 p_0는 기준 음압 2×10^{-4}μbar(또는 20μPa, 2×10^{-5}N/m^2)이고, p는 음파의 순간 음압이다. 만약 p가 2×10^{-4}μbar이면 음압 레벨은 0dB가 된다. SPL은 사람이 들을 수 있는 가장 작은 소리의 레벨 0dB를 기준 레벨로 하고, 이 값에 대한 음압의 비로서 음의 크기를 나타낸 것이다. 20대 성인이 들을 수 있는 가장 작은 소리는 1kHz에서 20μPa이고, 이것이 최소 가청 한계이다.

27. 음압 레벨의 단위는?
1) Hz
2) W
3) dB
4) Pa

28. 음압 레벨을 나타내는 단위는?
1) dBs
2) dBSPL
3) dBm
4) dBV

☞ 음압 레벨 단위는 dB로 표기하는 경우도 있고, SPL(sound presser level, 음압 레벨)을 같이 표기하는 경우도 있다.

29. 용어 단위가 잘못 연결된 것은?
1) 음향 임피던스;ralys   2) 음향 파워;W   3) 음압;dB   4) 음압 레벨;dB(A)
☞ 음압의 단위는 Pascal(Pa)이다.

30. 음압 레벨의 기준치는 몇 Hz의 최소 가청 한계인가?
1) 500Hz   2) 1kHz   3) 2kHz   4) 4kHz

31. 용어 단위 설명 중에서 틀린 것은?
1) phon; 음의 크기   2) 1sone; 50phon   3) Pa; 음압   4) dB; 음압 레벨
☞ 1sone은 40phon이다.

32. 어느 음원으로부터 발생되는 음압이 $0.002 N/m^2$이면 음압 레벨은?
1) 10dB   2) 20dB   3) 24dB   4) 40dB
☞ 기준 음압이 $2 \times 10^{-5} N/m^2$이므로 SPL= 20log(0.002/0.00002) = 40dB

33. 기준 음압이 $2 \times 10^{-4} \mu bar$이고, 음압이 $1 \times 10^3 \mu bar$이면 음압 레벨은?
1) 112dB   2) 124dB   3) 134dB   4) 140dB
☞ SPL = $20log(1 \times 10^3 / 2 \times 10^{-4})$ = 134dB

34. 음압이 15배 증가되면 음압 레벨은 몇 dB 증가되는가?
1) 10dB   2) 20dB   3) 24dB   4) 40dB
☞ 20log15=23.5dB

35. 음압의 단위가 아닌 것은?
1) mbar   2) $dyne/m^2$ 3) N/m^2 4) W/m^2

36. 어느 음원의 음압이 10배 증가되면, 음압 레벨은 몇 dB 증가되는가?
1) 5   2) 10   3) 15   4) 20

37. 음압 레벨의 변화를 확실하게 느낄 수 있는 dB는?
1) 1dB 이상   2) 3dB 이상   3) 6dB 이상   4) 10dB 이상

29) 3   30) 2   31) 2   32) 4   33) 3   34) 3   35) 4   36) 4   37) 3

☞ 표 1.1에는 레벨 변화에 대한 지각의 차이를 나타낸다. 음의 크기 변화를 약간 느끼는 것은 3dB(파워는 2배) 증가되어야 하며, 2배 크기로 느끼도록 하기 위해서는 10dB를 증가시켜야 한다.

[표 1.1] 음압 레벨의 변화에 따른 지각

레벨 변화	지각의 정도
1dB	변화를 느끼지 못함
3dB	변화를 약간 느낌
6dB	변화를 확실하게 느낌
10dB	변화를 2배의 크기로 느낌
20dB	변화를 4배의 크기로 느낌

38. 음의 크기 변화를 약간 지각할 수 있는 레벨 변화는?
1) 0.5dB　　　　2) 1dB　　　　3) 3dB　　　　4) 5dB

39. 음의 크기 변화가 4배로 느껴지는 변화는?
1) 3dB　　　　2) 5dB　　　　3) 10dB　　　　4) 20dB

40. 음의 크기 변화가 2배로 느껴지는 레벨 변화는?
1) 1dB　　　　2) 3dB　　　　3) 5dB　　　　4) 10dB

41. 어느 소음을 측정한 결과, dB(A) 값과 dB(C) 값이 비슷하면 어떠한 경우인가?
1) 고주파 성분이 많다.　　　　2) 저주파 성분이 많다.
3) 주파수 변동이 거의 없는 소음이다.　　　　4) 주파수와는 관계가 없다.

☞ 음압 레벨 측정은 사운드 레벨 미터(sound level meter)를 사용하며, 사운드 레벨 미터에는 그림 1.1과 같이 A와 C의 보정 회로가 있다. A특성은 저역의 청감 특성을 보정한 것으로서 일반적으로 음압 레벨 측정은 A특성으로 하며, 측정 값은 dB(A)로 표기한다. C특성은 거의 평탄하며 주파수 분석을 할 때 사용하고, 측정 값은 dB(C)로 표기한다.

같은 음을 A와 C특성으로 측정하여 dB(C) 값이 만약 dB(A) 값과 차이가 없다면, 이 음은 비교적 주파수가 높은 성분이 많다는 것을 추정할 수 있다. 또, dB(C) 값이 dB(A) 값보다 수치가 크고, 그 차이가 클수록 그 음에 포함된 성분의 주파수는 낮은 것으로 추정할 수 있다.

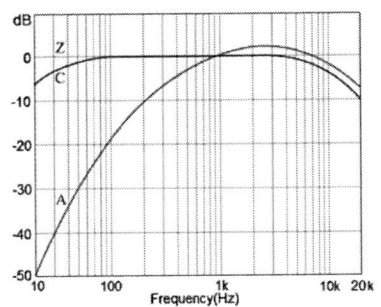

[그림 1.1] 사운드 레벨 미터의 A와 C보정 곡선의 주파수 특성

42. 사운드 레벨 미터의 웨이팅 필터에서 평탄 특성은?
1) dB(A)　　　　2) dB(B)　　　　3) dB(C)　　　　4) dB(Z)

43. 어느 음악의 음압 레벨을 측정한 결과, dB(C) 값이 dB(A) 값보다 크면 어떠한 경우인가?
1) 고음 악기 음이 많다.　　　　2) 저음 악기 음이 많다.
3) 주파수 특성이 평탄한 음악이다.　　　　4) 주파수와는 관계가 없다.

44. 사운드 레벨 미터로 소음 레벨을 측정할 때 별도 규정이 없는 한 dB( ) 특성으로 측정한다. ( )안에 들어가는 적당한 것은?
1) A　　　　2) B　　　　3) C　　　　4) D
☞ 일반적으로 소음 레벨을 측정하는 경우에는 A특성을 주로 사용하고, 측정치를 ㅇㅇdB(A)라고 표기한다.

45. 1대의 스피커를 구동할 때 음압 레벨이 85dB인 경우에 동일한 신호로 5대 구동시키면 몇 dB가 되는가?
1) 86dB　　　　2) 88dB　　　　3) 94dB　　　　4) 99dB
☞ $85 + 20\log 5 = 85 + 14 = 99 \text{dB}$

여러 개의 음원이 있을 때, 이 음원의 전체 레벨을 계산할 때에는 단지 dB를 더하면 안 된다. dB를 더할 경우에는 에너지의 합을 구하여 대수 계산을 해야 한다. 음압 레벨이 L_1[dB]과 L_2[dB]인 무상관 음원이 있는 경우의 음압 레벨의 합(L_T)은 $L_T = 10\log(10^{L_1/10} + 10^{L_2/10})$로 구한다. 이 경우에는 음원이 두 배로 증가하면 음압 레벨이 3dB씩 증가된다.

또, 음원이 완전 상관인 경우에는 $L_T = 20\log(10^{L_1/20} + 10^{L_2/20})$로 계산한다. 즉, 음원이 완전 상관인 경우에는 음원이 2배가 되면 6dB 증가된다. 스피커에 같은 음원을 가한 경우에 해당된다.

46. 3대의 스피커로 음을 재생하였더니 음압 레벨이 91.5dB이면, 1대의 스피커의 레벨은?
1) 82dB   2) 83dB   3) 85dB   4) 89dB

☞ 스피커에 같은 신호를 입력하는 경우는 상관 음원이다. 따라서 3대의 스피커를 구동한 경우의 음압 레벨은 1대의 음압 레벨보다 20log3 만큼 증가된다. 이 때 음압 레벨이 91.5dB이므로 스피커 1대의 음압 레벨(x)은 다음 식으로 구한다.
  x+20log3=91.5dB → x=91.5-9.54=82dB

47. 스피커를 5대 구동하였더니 110dB이면, 1대만 구동하면 몇 dB가 되는가?
1) 84dB   2) 86dB   3) 90dB   4) 96dB

☞ 110dB = x + 20log5 → x = 110-20log5 = 110-14 = 96dB

48. 레벨이 80dB, 84dB인 완전 상관인 두 개 음원의 합성 레벨은?
1) 83dB   2) 86dB   3) 88dB   4) 98dB

☞ $L_T = 20\log(10^{80/20} + 10^{84/20}) = 88dB$

49. 두 대의 스피커의 음압 레벨을 사운드 레벨 미터로 측정하여 같게 조정한 다음에 청취해 본 결과 음량이 다르게 들렸다. 그 이유가 될 수 있는 것은?
1) 두 스피커의 출력이 다르다.   2) 두 스피커의 밴드 레벨이 다르다.
3) 두 스피커의 감도가 다르다.   4) 두 스피커의 임피던스가 다르다.

50. 98dB 음원과 무상관인 100dB 음원과의 레벨 합은?
1) 100dB   2) 102dB   3) 106dB   4) 109dB

☞ $L_T = 10\log(10^{98/10} + 10^{100/10}) = 10\log(10^{9.8} + 10^{10}) = 102dB$

51. 레벨이 84dB, 86dB인 완전 상관인 두 개 음원의 합성 레벨은?
1) 86dB   2) 87dB   3) 89dB   4) 91dB

☞ $L_T = 20\log(10^{84/20} + 10^{86/20}) = 91dB$

52. 바이올린 1대의 음압 레벨이 80dB이면, 4대를 동시에 연주하면 몇 dB가 되는가?
1) 83dB   2) 86dB   3) 89dB   4) 92dB

☞ 80+10log4 = 80+6 = 86dB

53. 바이올린을 4대 연주하였더니 음압 레벨이 93dB이면, 1대만 연주하면 몇 dB인가?
1) 81dB   2) 87dB   3) 90dB   4) 92dB
☞ 바이올린들의 음은 서로 무상관인 음이다. 바이올린 1대의 음압 레벨을 xdB라고 하면, 다음과 같이 계산한다.   x+10log4=93dB, x=93-10log4=93-6= 87dB

54. 바이올린 1대의 음압 레벨이 80dB이면, 10대로 연주하면 전체 레벨은 몇 dB인가?
1) 83dB   2) 85dB   3) 90dB   4) 100dB

55. 레벨이 80dB, 78dB, 74dB의 무상관 음원의 전체 레벨은?
1) 81dB   2) 82.7dB   3) 84.7dB   4) 86.8dB
☞ $L_T = 10\log(10^{80/10} + 10^{78/10} + 10^{74/10}) = 82.7dB$

56. 음악의 최적 청취 레벨은?
1) 70dB   2) 80dB   3) 90dB   4) 100dB

57. 바이올린 4대, 비올라 4대, 첼로 2대로 구성된 챔버 오케스트라에서 전체가 동시에 연주하면 몇 dB가 되는가? 단, 바이올린 한 대의 음압 레벨은 75dB, 비올라 한 대의 음압 레벨은 73dB, 첼로 한 대의 음압 레벨은 80dB이다.
1) 84dB   2) 86dB   3) 90dB   4) 95dB
☞ 4대의 바이올린 음량 ; 75 + 10log4 = 75 + 6 = 81dB
   4대의 비올라 음량   ; 73 + 10log4 = 73 + 6 = 79dB
   2대의 첼로 음량   ; 80 + 10log2 = 80 + 3 = 83dB
   전체의 음량   ; $10\log(10^{81/10} + 10^{79/10} + 10^{83/10}) = 86dB$

58. 1 대의 스피커의 음압 레벨이 85dB이고, 두 스피커의 위상이 90도 차이가 있으면, 두 스피커에서 재생되는 음압 레벨은 몇 dB가 되는가?
1) 85dB   2) 88dB   3) 91dB   4) 94dB

59. 자유 음장에서 점음원에 의한 거리(r) 감쇠는 어떻게 계산하는가?
1) −1/20logr   2) − 20/logr   3) −10logr   4) − 20logr

53) 2   54) 3   55) 2   56) 3   57) 2   58) 2   59) 4

60. 자유 음장에서 역자승 법칙이 성립하는 음원은?
1) 점음원   2) 선음원   3) 면음원   4) 평면음원

61. 자유 음장에서 점음원으로부터 거리가 두 배가 되면 몇 dB씩 감쇠되는가?
1) 2dB   2) 4dB   3) 6dB   4) 8dB
☞ 점음원이므로 거리가 두배 되면 20log2= 6dB씩 감쇠된다.

62. 자유 음장에서 점음원으로부터 1m 지점에서 90dB일 때, 14m 떨어진 거리에서의 음압 레벨은?
1) 63dB   2) 67dB   3) 72dB   4) 83dB
☞ 90-20log14=67dB

63. 자유 음장의 점음원에서 방사된 소리가 10m 떨어진 곳에서 음압 레벨이 100dB일 때, 50m 위치한 곳에서의 음압 레벨은?
1) 50dB   2) 70dB   3) 86dB   4) 96dB
☞ 100-20log(50/10)=86dB

64. 자유 음장의 점음원으로부터 거리가 7m 떨어진 지점에서 음압 레벨은 몇 dB 감쇠되는가?
1) 7dB   2) 12dB   3) 14dB   4) 17dB
☞ 20logr=20log7=17dB

65. 자유 음장에서 점음원으로부터 거리가 12m 떨어진 지점에서 음압 레벨은 몇 dB 감쇠되는가?
1) 12dB   2) 17dB   3) 22dB   4) 25dB
☞ 20logr=20log12=22dB 감쇠된다.

66. 자유 음장의 점음원으로부터 1m 지점에서 음압 레벨이 92dB이면, 20m 떨어진 지점에서 음압 레벨은?
1) 66dB   2) 79dB   3) 81dB   4) 85dB
☞ 92-20log20=66dB

67. 자유 음장의 점음원으로부터 20m 떨어진 지점에서 음압 레벨이 86dB이면, 1m 지점에서의 음압 레벨은?

1) 84dB   2) 95dB   3) 99dB   4) 112dB

☞ x-20log20=86dB, x=86+20log20=86+26=112dB

68. 자유 음장에서 점음원으로부터 5m 지점에서 음압 레벨이 84dB이면, 20m 떨어진 지점에서의 음압 레벨은?

1) 65dB   2) 70dB   3) 72dB   4) 83dB

☞ 84-20log(20/5)=84-12=72dB

69. 자유 공간의 무한히 긴 선음원에서 방사되는 음은 거리가 3배가 되면 몇 dB 감쇠되는가?

1) 4.8dB   2) 9.6dB   3) 12.3dB   4) 21.2dB

70. 자유 음장에서 선음원의 길이가 100m이고, 10m 지점에서 음압 레벨이 65dB이면, 25m 지점에서의 음압 레벨은?

1) 61dB   2) 64dB   3) 66dB   4) 68dB

☞ 선음원의 길이 100m이므로 1/3인 33.3m까지는 10logr씩 음압 레벨이 감쇠된다. 따라서 10log(25/10) = 4dB 감쇠되므로 61dB가 된다.

71. 자유 공간에서 무한히 긴 선음원으로부터 거리가 10배가 되면 몇 dB 감쇠되는가?

1) 10dB   2) 20dB   3) 30dB   4) 40dB

☞ 10logr=10log10=10dB 감쇠된다.

72. 자유 음장에서 선음원의 길이가 10m이고, 40m 지점에서 음압 레벨이 75dB이면, 80m 지점에서의 음압 레벨은?

1) 66dB   2) 69dB   3) 72dB   4) 75dB

☞ 선음원은 길이의 1/3 지점까지는 10logr로 감쇠되고, 그 이상에서는 20logr로 감쇠된다. 40m 지점은 선음원이 아니고 점음원과 같이 레벨이 감쇠되므로 20log(80/40)=6dB 감쇠되므로 75-6=69dB가 된다.

73. 자유 음장에서 길이가 무한인 선음원으로부터 거리가 9배가 되면 음압 레벨 감쇠는?

1) -6.4dB   2) -7.2dB   3) -9.5dB   4) -19dB
☞ 10log (1/9)= -9.5dB

74. 자유 음장에서 무한히 긴 선음원으로부터 6m 지점에서 음압 레벨 감쇠는?
1) -4.7dB   2) -6.4dB   3) -7.4dB   4) -7.8dB
☞ 10log (1/6)= -7.8dB

75. 음의 크기는 음파의 [ ]에 관계되고, 이 수치가 클수록 음은 [ ]. [ ] 안에 들어가는 적당한 말은?
1) 주파수, 낮아진다.   2) 진폭, 커진다.
3) 주파수, 높아진다.   4) 진폭, 작아진다.

76. 음속(c), 파장(λ)와 주파수(f)와의 관계를 나타내는 식은?
1) $\lambda = c/f^2$ 2) $\lambda = f^2/c$ 3) $\lambda = f/c$ 4) $\lambda = c/f$

77. 1초 동안에 반복되는 사이클의 수는?
1) wave length   2) frequency   3) sound pressure   4) sound speed

78. 음파의 한 사이클이 진행하는 거리는?
1) 주기   2) 주파수   3) 파장   4) 음속

79. 상온에서 20Hz에서 20000Hz까지 음을 파장으로 나타내면?
1) 15m ~1.5cm   2) 17m ~1.7cm   3) 19m ~ 1.9cm   4) 20m ~ 2.0cm
☞ 20Hz의 파장; 340/20=17m, 20000Hz의 파장; 340/20000=1.7cm

80. 기온이 20도일 때, 주파수가 500Hz인 음파의 파장은?
1) 6.9cm   2) 34cm   3) 69cm   4) 89cm
☞ 기온이 20도일 때 음속은 c=331.5+0.6×20=343.5m/s
파장=음속/주파수=343.5/500=0.69m=69cm

81. 파장이 1.7cm인 음파의 주파수는? 단, 음속은 340m/s이다.
1) 20Hz   2) 200Hz   3) 2kHz   4) 20kHz

74) 4   75) 2   76) 4   77) 2   78) 3   79) 2   80) 3   81) 4

☞ f=c/λ=340/0.017=20,000Hz

82. 음속에 관한 설명 중에서 틀린 것은?
1) 음속은 주파수에 관계없이 일정하다.
2) 음속은 기온이 높아질수록 빨라진다.
3) 음의 파장에 주파수를 곱하면 음속이 된다.
4) 공기 중의 음의 전파에서 공기 분자는 음속으로 움직인다.

83. 음파가 한 사이클이 진행하는데 걸리는 시간을 무엇이라고 하는가?
1) sound speed   2) period   3) pressure   4) frequency

84. 인간의 가청 주파수 대역은?
1) 20Hz~200Hz   2) 20Hz~2kHz   3) 200Hz~20kHz   4) 20Hz~20kHz

85. 초음파는 주파수가 몇 Hz 이상인가?
1) 4000Hz   2) 10kHz   3) 20kHz   4) 40kHz
☞ 20Hz 이하는 초저주파수, 20kHz 이상은 초음파라고 한다.

86. 다음 두 파형의 주파수 차이는?
1) 100Hz   2) 123Hz   3) 154Hz   4) 167Hz

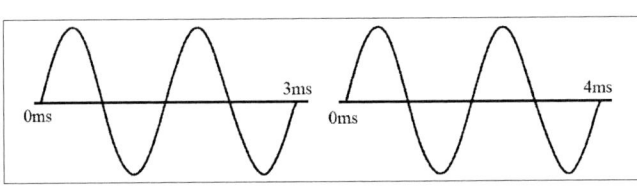

☞ 주기가 1.5ms인 경우의 주파수 f_1=1/1.5ms=1000/1.5=667Hz
주기가 2ms인 경우의 주파수 f_2=1/2ms=1000/2=500Hz. 따라서 주파수 차이는 667-500=167Hz

87. 기온이 10℃에서 25℃로 상승하였다. 1000Hz 음의 파장은 어떻게 변하는가?
1) 9 mm 증가   2) 9mm 감소   3) 12mm 감소   4) 15mm 증가
☞ 10도일 때는 331.5+0.6×10=337.5m/s, 25도일 때에는 331.5+0.6×25=346.5m/s이다. 10도일 때의 파장은 337.5/1000=0.3375=337.5mm, 25도일 때의 파장은 346.5/1000=0.3465m

=346.5mm가 된다. 따라서 파장은 337.5-346.5=-9mm 감소된다.

88. 다음 파형의 주파수는?
1) 100Hz 2) 1,000Hz 3) 2,000Hz 4) 3,000Hz

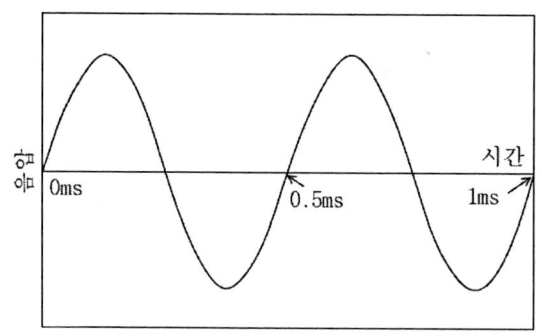

☞ +/- 한 사이클이 진행되는 시간이 주기이므로 주기는 0.5ms이고, 주파수는 주기의 역수이므로 1/0.5ms = 10000/5 = 2000Hz이다.

89. 다음의 두 파형은 무슨 차이인가?
1) 음압 차 2) 음색 3) 음압 4) 높낮이

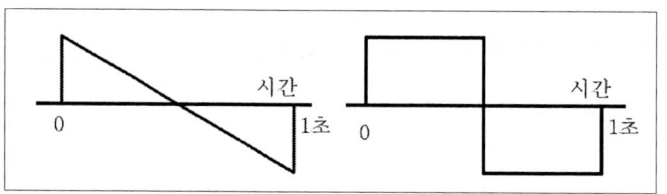

90. 상온에서 100Hz에서 10000Hz까지 음을 파장으로 표시하면?
1) 15m~1.5cm 2) 17m~1.7cm 3) 3.4m~34cm 4) 20m~2.0cm
☞ 100Hz의 파장; 340/100=3.4m, 10000Hz의 파장; 340/10000=34cm

91. 두 음파의 진행 시간 차이를 무엇이라고 하는가?
1) 위상 2) 간섭 3) 회절 4) 음색

92. 다음 설명 중에서 틀린 것은?
1) 1 옥타브 대역 폭의 비는 2이다.
2) 1 옥타브는 1000 cent이다.
3) 반음은 100 cent이다.
4) 1/3 옥타브 대역 폭의 비는 1.26이다.

93. 주파수 비가 1:2가 되는 관계는?
1) Doppler 2) bit 3) octave 4) decade

94. 200Hz보다 한 옥타브 높은 음은?
1) 100Hz 2) 200Hz 3) 400Hz 4) 600Hz

95. 1 옥타브 관계인 주파수 쌍은?
1) 100Hz-1000Hz 2) 440Hz-880Hz 3) 1kHz-1kHz 4) 500Hz-500kHz

96. 주파수 비가 1:10이 되는 관계는?
1) byte 2) bit 3) octave 4) decade

97. 설명 중에서 틀린 것은?
1) 1 옥타브는 주파수의 비가 1:2이다.
2) 온음은 1/6 옥타브이다.
3) 반음은 1000 센트이다.
4) 1/3 옥타브 대역 폭의 비는 1.26이다.

98. octave에 대한 설명 중에서 틀린 것은?
1) 주파수 비가 2배일 때를 1 옥타브라고 한다.
2) 가청 주파수 대역은 약 100 옥타브이다.
3) 1 옥타브는 1200 cent이다.
4) 완전 8도 음정이다.

99. 다음 설명 중에서 틀린 것은?
1) decade는 주파수의 비가 1:10이다.
2) 1 옥타브는 1200 cent이다.
3) 반음은 1000 cent이다.
4) 옥타브 대역폭의 비는 2이다.

100. octave에 대한 설명 중에서 틀린 것은?
1) 주파수 비가 2배일 때를 1 옥타브라고 한다.
2) 가청 주파수 대역은 약 10 옥타브이다.
3) 1 옥타브는 1200 cent이다.
4) 피아노 건반은 선형 스케일이다.

101. 음의 3 요소가 아닌 것은?
1) 음색		2) 크기		3) 파장		4) 높낮이

102. 인간의 가청 주파수 대역은 20Hz에서 20kHz이다. 가장 낮은 가청 주파수의 파장과 가장 높은 가청 주파수의 파장과의 비는 얼마인가? 음속은 340m/s이다.
1) 10		2) 100		3) 1000		4) 10000

103. 주파수 대역별 음색의 특징 중 부적절한 것은?
1) 저음 - 박력감	2) 중음 - 선명성	3) 고음 - 명료성	4) 초고음 - 해상도

104. 주파수 대역별 음색의 특징이 부적절한 것은?
1) 저음 - 명료성	2) 중음 - 둔탁감	3) 고음 - 선명성	4) 초고음 - 현장감

105. 주파수와 음색과 대응 관계가 부적절한 것은?
1) 10kHz - brilliance
2) 4kHz - articulation
3) 63Hz - power
4) 500Hz - hardness

106. 음향적인 인상 중에서 초고음과 관계되는 것은?
1) 자연성		2) 명료성		3) 현장감		4) 음량감

107. 1~5kHz 대역과 관련되는 음향적인 인상은?
1) 자연성		2) 명료성		3) 해상도		4) 현장감

108. 치찰음의 주파수 대역은?
1) 1~2kHz		2) 2~4kHz		3) 6~8kHz		4) 10~15kHz

109. 음질을 평가하는데 물리적 척도가 없는 평가 기준은?
1) 명료성		2) 음상		3) 해상도		4) 선명성

110. 음질의 물리 평가 척도가 아닌 것은?
1) 왜곡		2) 음상		3) 주파수 특성	4) 과도 특성

111. 음의 물리량과 심리량과의 대응 중에서 틀린 것은?
1) 음압 레벨 - 크기   2) 주파수 - 피치   3) 스펙트럼 - 음색   4) 엔벌로프 - 피치

112. 10kHz 이상의 초고음과 가장 관계가 있는 음향적인 인상은?
1) 자연성   2) 명료성   3) 해상도   4) 투명감

113. 2대의 스피커 음질을 청취 테스트 하는 경우에 준수해야 하는 사항이 아닌 것은?
1) 두 스피커의 재생 음량을 같게 한다.   2) 재생 음향 환경을 같게 한다.
3) 같은 음원을 사용한다.   4) 75dB(A)로 재생한다.

114. 음파에 관한 설명 중에서 틀린 것은?
1) 음의 강약은 음압의 크기와 관계된다.
2) 수중에서는 음이 전달되지 않는다.
3) 음압 레벨이 120dB 이상이면 청력 손실이 생긴다.
4) 가까스로 들리는 음압 레벨은 20μPa이다.
☞ 수중에서는 1초에 1500m 정도의 속도로 음파가 전달된다.

115. 음파의 파동 현상이 아닌 것은?
1) 굴절   2) 반사   3) 회절   4) 피치

116. 소리가 밤에 멀리까지 더 잘 들리는 현상은?
1) diffraction   2) refraction   3) amplification   4) reflection

117. 음향 임피던스(Z)를 나타내는 식은?
1) Z=음압/입자속도^2 2) Z=음압/체적속도   3) Z=음압/입자속도   4) Z=음압2/체적속도
☞ 음향 임피던스는 전기 회로에서 말하면 저항 값과 비슷하다. 저항 값이란 전압과 전류의 비이다. 음파에서는 음압과 입자 속도의 비가 음향 임피던스(acoustic impedance)이다. 음향 임피던스 차가 큰 물체(매질)일수록 반사율은 높아진다.

118. 공기의 음향 임피던스 값은?
1) 403rayls   2) 415rayls   3) 423rayls   4) 433rayls

111) 4   112) 3   113) 4   114) 2   115) 4   116) 2   117) 3   118) 2

119. 공기에서 물로 음이 입사되면 경계면에서의 반사량은 얼마인가? 공기의 음향 임피던스는 428ralys이고, 물의 음향 임피던스는 1.48×10^6rayls이다.
1) 90%   2) 93.5%   3) 96.1%   4) 99.8%

120. 상온에서 물체의 크기가 $2 \times 2m^2$인 경우에 음이 완전히 반사되는 주파수는?
1) 85Hz   2) 125Hz   3) 480Hz   4) 680Hz

121. 상온에서 물체의 크기가 $1 \times 1m^2$인 경우에 음이 완전히 반사되는 주파수는?
1) 85Hz   2) 125Hz   3) 680Hz   4) 1400Hz

122. 음파가 투과하지 못하는 유한한 크기의 장해물에 음파가 입사할 때, 장해물 뒤의 그림자가 생기는 부분에 음파가 들어가는 현상은?
1) 비트   2) 도플러 효과   3) 회절   4) 굴절

123. 어느 물체에 입사된 음파가 여러 방향으로 반사되는 현상은?
1) 반사   2) 산란   3) 굴절   4) 회절

124. 음파의 반사에 관한 설명 중에서 틀린 것은?
1) 임피던스 차이가 큰 두 매질 경계면에서는 투과율이 반사율보다 작다.
2) 음파가 반사되면 간섭에 의해서 정재파가 생길 수 있다.
3) 파장에 비해 장해물이 작으면 전반사된다.
4) 음파가 굴절하는 곳에서는 반사도 동시에 일어난다.

125. 다음 설명 중에서 맞는 것은?
1) 음속은 주파수에 따라서 다르다.
2) 인간의 가청 주파수 범위는 20~10000Hz이다.
3) 파면과 수직으로 음이 전달되는 경로를 음선이라고 한다.
4) 소리의 크기와 주파수는 관계가 없다.

126. 2대의 바이올린 음의 음정이 정확하게 맞지 않아서 음량이 주기적으로 커졌다 작아졌다 하는 현상은?

1) beat effect   2) diffraction effectt   3) Doppler effectt   4) masking effect

127. 레벨이 같은 두 개의 음이 있다(500Hz, 504Hz). 발생되는 맥놀이의 주기는?
1) 0.1초   2) 0.25초   3) 0.5초   4) 1초
☞ 주파수가 f_1의 음파와 주파수가 f_2인 음파가 있을 때, f_1과 f_2가 비슷하고 주기가 약간 다른 경우에, f_1과 f_2의 위상이 같으면 음이 점점 커지고, 다음에 위상이 조금씩 어긋나면 다시 위상이 일치할 때까지 1파의 차가 생긴다. 이것을 맥놀이(beat) 현상이라고 하고, 맥놀이 주파수는 $T=1/(f_1 - f_2)$초로 구한다. 따라서 T=1/4 = 0.25s.

128. 소리에 관한 설명 중에서 틀린 것은?
1) 음의 강약은 음압의 크기와 관계된다.
2) 공기중보다 수중에서 음속이 빠르다.
3) 음압 레벨이 120dB 이상이면 청각이 위험하다.
4) 가까스로 들리는 음압 레벨은 1kHz에서 1μbar이다.

129. 다음 설명 중에서 틀린 것은?
1) 데시벨(dB)은 음압 레벨을 나타내는 단위이다.
2) 50dB는 40dB의 10배 크기이다.
3) 주파수가 1000Hz이고, 음압 레벨이 80dB인 소리의 크기는 80phon이다.
4) 소음은 식수된 녹지대에 의하여 어느 정도 경감된다.
☞ 10dB는 2배의 라우드니스 차이가 난다.

130. 파동의 반사를 설명하는 것 중에서 맞는 것은?
1) 파동은 진행하다가 저절로 반사된다.
2) 파동은 매질이 변하면 진행 방향이 바뀐다.
3) 파동은 반사해도 진행 방향이 바뀌지 않는다.
4) 음파는 낮에 더 멀리까지 잘 들린다.

131. 주파수가 비슷한 두 개의 음파 사이의 간섭으로 음량이 주기적으로 커졌다 작아졌다 하는 현상은?
1) beat   2) diffraction
3) Doppler   4) interaction

132. 음파의 파동 현상에 대해서 맞게 설명한 것은?

> ① 물체가 파장의 1/4보다 작으면 반사되지 않고 회절된다.
> ② 공기에서 물로 음파가 입사되면 완전 반사된다.
> ③ 파장이 짧은 음은 회절되기 어렵다.
> ④ 두 음이 한점에서 만나도 간섭 현상이 생기지 않는다.

1) ①, ②   2) ②, ③   3) ①, ②, ③   4) ①, ③, ④

133. 매질이 다른 두 물체의 경계면에 음파가 입사하면, 음파의 진행 방향이 바뀌는 것은?
1) 간섭   2) 굴절   3) 공명   4) 회절

134. 유한한 크기의 장해물에 음이 입사할 때, 장해물 뒤로 음이 들어오는 현상은?
1) beat   2) Doppler effect   3) diffraction   4) refraction

135. 음파의 전반에 가장 영향을 주지 않는 요인은?
1) 지표면의 형태   2) 대기 온도 분포   3) 습도   4) 바람
☞ 습도에 따라서 고음의 감쇠 정도가 달라진다.

136. 음파의 특성에 대한 설명 중에서 틀린 것은?
1) 음속은 상온에서 1초에 340m 진행한다.
2) 파장이 길면 저주파수이다.
3) 음속은 온도에 따라서 달라진다.
4) 파장이 짧으면 회절이 잘 된다.

137. 음파의 특성에 대한 설명 중에서 틀린 것은?
1) 1초 동안의 진동 횟수를 파장이라고 한다.
2) 파장이 길면 회절이 잘 된다.
3) 공기 중에서의 음파는 종파이다.
4) 주파수가 높을수록 피치가 높아진다.

138. 콤필터 왜곡에서 dip이 생기는 주파수는? 여기에서 T_d는 시간 지연이고, N은 1,3,5,7...이다.
1) $f = 2N/(2T_d)$ 2) $f = N/(2T_d)$ 3) $f = (2T_d)/N$ 4) $f = N/(2T_d)^2$

☞ 직접음과 반사음이 더해지는 경우에 위상이 180도 차이가 나는 주파수의 음은 상쇄되고, 위상이 일치하는 주파수의 음은 음압 레벨이 증가되어서 주파수 특성이 불규칙해진다. 주파수가 같은 두 음의 지연 시간이 T_d이면, $f=N/(2T_d)$ 주파수에서 dip이 생긴다. 두 음파의 거리 차가 d이면, $f=N \cdot c/2d$로 구한다. 여기에서 $N=1, 3, 5, 7 \cdots$이다. 두 음의 시간차가 4ms이면, 최초의 dip이 125Hz에서 생기고, 그 홀수 배인 375Hz, 625Hz…에서 dip이 생긴다. 이것을 콤필터 왜곡(comb filter distortion)이라고 한다.

139. 음파 간의 간섭에 의해서 생기는 효과는?
1) diffraction   2) Doppler effect   3) comb filter effect   4) reflection

140. 콤필터 왜곡에 대한 설명 중에서 틀린 것은?
1) 마이킹 할 때 생길 수 있다.
2) 스피커를 스태킹 스프레이할 때 생길 수 있다.
3) 두 신호의 시간에 차이에 의해 발생한다.
4) 반사음이 없으면 콤필터 왜곡이 발생되지 않는다.

141. 콤필터 왜곡에 대한 설명 중에서 맞는 것은?
1) 실내 반사음에 의해서 생긴다.
2) 주파수 응답 특성은 변하지 않는다.
3) 두 신호의 주파수 차이에 의해 발생한다.
4) 고주파에서 많이 발생한다.

142. 직접음과 반사음 간의 시간 지연이 0.3ms이면, 첫 번째 dip이 생기는 주파수는?
1) 200Hz   2) 222Hz   3) 1,300Hz   4) 1,667Hz
☞ $f = N/2T_d$에서 $f = 1/(2 \cdot 0.3ms) = 1,667Hz$

143. 직접음과 반사음 사이의 시간 지연이 0.5ms이면, 첫 번째 dip이 생기는 주파수는?
1) 67Hz   2) 88Hz   3) 1,000Hz   4) 1,667Hz
☞ $f = N/(2T_d)$에서 $f = 1/(2 \cdot 0.5ms) = 1,000Hz$

144. 콤필터 왜곡 주파수 특성에서 두 번째 dip이 3000Hz에서 생기면, 반사음의 지연 시간은

얼마인 경우인가?

1) 0.1ms   2) 0.3ms   3) 0.5ms   4) 1ms

☞ $T_d = 3/2f = 3/(2·3000) = 0.5ms$

145. 콤필터 왜곡이 생기는 것은 무엇 때문에 생기는가?

1) 진폭 간섭   2) 위상 간섭   3) 스펙트럼 간섭   4) 혼변조 왜곡

146. 두 음파의 시간 차가 2ms이면, 두 번째 dip의 주파수는 몇 Hz인가?

1) 100Hz   2) 250Hz   3) 500Hz   4) 750Hz

☞ $f = N/(2T_d)$에서 두 번째 생기는 딥 주파수는 $f=3/(2·2ms)=750Hz$이다.

147. 콤필터 왜곡이 생길 수 있는 상황이 아닌 경우는?

1) 스튜디오 모니터 룸에서 녹음 상태 모니터링   2) 무향실에서 스피커 특성 측정
3) 강의실에서 마이크 사용   4) 다목적 홀에서 음향 측정

☞ 무향실은 반사음이 존재하지 않은 공간이므로 콤필터 왜곡이 발생되지 않는다.

148. 반사음의 지연 시간이 얼마일 때의 콤필터 왜곡 특성인가?

1) 1ms   2) 2ms   3) 3ms   4) 5ms

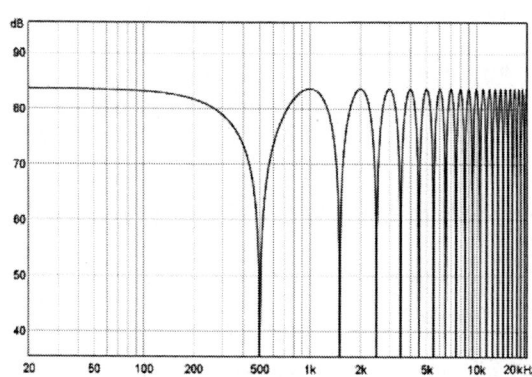

☞ $T_d = 1/2f = 1/(2·500) = 0.001s = 1ms$

149. 콤필터 왜곡 특성에서 첫 번째 피크 주파수가 1kHz이면, 두 음의 지연 시간이 얼마인가?

1) 0.5ms   2) 1ms   3) 2ms   4) 5ms

☞ $T_d=1/2f=1/(2·1000)=0.0005s=0.5ms$

150. 콤필터 효과의 설명 중에서 틀린 것은?
1) 실내 공간이 크면 콤필터 왜곡이 지각되기 쉽다.
2) 스튜디오 공간의 콤필터 왜곡은 지각되기 쉽다.
3) 두 신호의 시간 차가 짧으면 왜곡이 지각되기 쉽다.
4) 두 신호의 시간 차가 길면 진폭의 피크 딥이 많아진다.

151. 실내 반사음에 의해 콤필터 왜곡이 제일 많이 지각될 수 있는 곳은?
1) 스튜디오   2) 강의실   3) 다목적 홀   4) 체육관
☞ 스튜디오는 공간이 작아서 반사음의 시간이 짧고, 콤필터 왜곡이 지각되기 쉽다.

152. 콤필터 왜곡이 생기지 않은 상황은?
1) 실내의 반사음   2) 스피커의 스태킹   3) 마이킹   4) 회절

153. 그림의 콤필터 왜곡 특성에서 반사음의 지연 시간은?
1) 1ms   2) 2ms   3) 5ms   4) 10ms

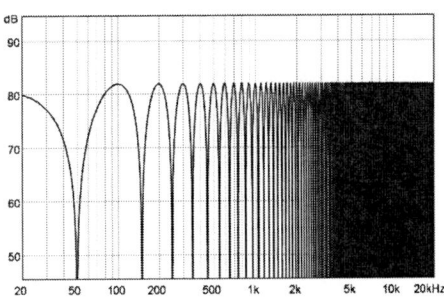

☞ $T_d = 1/2f = 1/(2·50) = 0.01s = 10ms$

154. 직접음과 반사음의 경로 차가 34cm이면, 첫 번째 생기는 딥 주파수는 몇 Hz인가?
1) 100Hz   2) 200Hz   3) 300Hz   4) 500Hz
☞ $f = Nc/2d = 340/2×0.34 = 500Hz$

155. 2개의 마이크를 사용하여 강의를 하고 있는데, 음성이 마이크에 도달하는 시간 차가 1ms이다. 이 때 주파수 특성에 첫 번째 딥은 몇 Hz에서 생기는가?
1) 50Hz   2) 100Hz   3) 500Hz   4) 5000Hz

156. 스피커의 전송 주파수 특성이 100Hz, 300Hz, 500Hz….에서 딥이 생기면, 직접음과 반사음의 지연 시간은?

1) 1ms　　　　2) 2ms　　　　3) 3ms　　　　4) 5ms

157. 실내에서 반사음 패턴을 측정한 결과 1.5ms에서 -3.55dB의 1차 반사음이 관측되었다. 몇 Hz에서 첫 번째 dip이 생기는가?

1) 159Hz　　　2) 333Hz　　　3) 477Hz　　　4) 636Hz

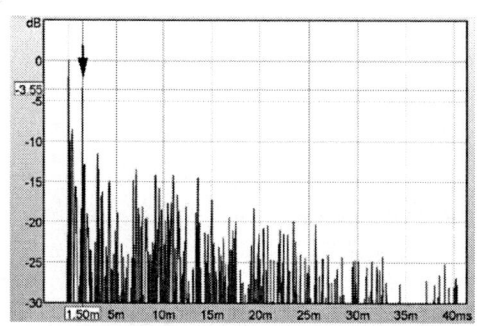

158. 콤필터 왜곡의 설명 중에서 틀린 것은?
1) 레벨이 높은 초기 반사음에 의해 생긴다.
2) 초기 반사음 레벨이 직접음보다 -20dB 이하이면 콤필터 왜곡은 지각되지 않는다.
3) 초기 반사음을 제거하여 콤필터 왜곡을 줄일 수 있다.
4) 콤필터 왜곡은 이퀄라이저로 보정이 가능하다.

159. 고유 진동의 주파수와 외부에서 주어지는 외력의 진동수가 같아서 진폭이 최대가 되는 현상은?

1) 회절　　　　2) 간섭　　　　3) 비트　　　　4) 공진

160. 상온에서 양단이 열린 관의 길이가 40cm이면, 공진 주파수는 몇 Hz인가?

1) 425Hz　　　2) 850Hz　　　3) 1,700Hz　　　4) 2,550Hz

☞ $f_1 = c / 2l = 340 / 2 \cdot 0.4 = 425Hz$

161. 한 쪽이 닫힌 관의 길이가 100cm이면, 공진 주파수는 몇 Hz인가?

1) 42Hz　　　　2) 85Hz　　　　3) 170Hz　　　　4) 255Hz

☞ $f_1 = c / 4l = 340 / 4 \cdot 1 = 85Hz$

162. 외이도의 기본 공진 주파수는?
1) 1,222Hz   2) 2,500Hz   3) 3,400Hz   4) 4,500Hz
☞ 외이도의 길이는 약 2.5cm이고 한단 폐관이므로 $f_1 = c / 4l = 340 / 4·0.025 = 3400Hz$

163. 음성의 명료도에 가장 많은 영향을 주는 대역은?
1) 100~300Hz   2) 500~1,000Hz   3) 1,000~4,000Hz   4) 4,000~6,000Hz

164. 음성의 에너지가 가장 많은 주파수 대역은?
1) 100~500Hz   2) 500Hz~1kHz   3) 1~2kHz   4) 4~8kHz
☞ 음성은 기본음, 모음, 자음의 3가지 주파수 대역으로 구성되어 있다. 기본음 대역은 100~300Hz이고, 이 대역은 말하는 사람의 음색을 결정한다. 모음 대역은 300~1,000Hz이며, 가장 많은 에너지를 포함하고 있다. 자음 대역은 1,000~4,000Hz이고, 에너지는 적지만 명료성에 가장 많은 기여를 하고 있는 대역이다. 그림 1.2에는 각 대역별 명료도 기여율을 나타낸다. 125~500Hz는 전체 에너지의 60%를 차지하고 있지만, 명료성에 대한 기여율은 20%로 아주 낮다. 1~4kHz는 저역보다 에너지는 적지만 명료성의 기여율은 75%이고, 8kHz의 에너지는 아주 적고 명료도 기여율은 5%이다.

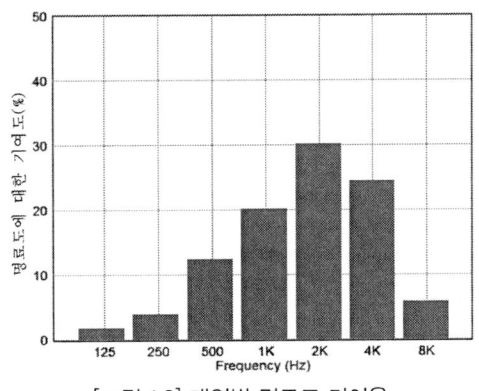

[그림 1.2] 대역별 명료도 기여율

165. 음성의 명료도 설명에 대해 적절하지 않은 것은?
1) 소음 레벨이 높을수록 명료하지 않다.
2) 잔향이 많으면 명료하지 않다.
3) 잔향이 많은 공간에서 음성 레벨을 높이면 명료해진다.
4) 명료도를 열화시키는 요인은 공간 음향이 가장 크다.

166. 명료도와 관계가 없는 파라미터는?
1) 소음　　　　　2) 잔향　　　　　3) 앰프의 파워　　　　　4) 주파수 대역

167. 음성의 스펙트럼 특성을 바르게 설명한 것은?
1) 평탄한 특성이다.
2) 고역으로 갈수록 에너지가 상승되는 특성이다.
3) 중음의 에너지가 많고 고역으로 갈수록 감쇠되는 특성이다.
4) 백색 잡음과 유사하다.

2. 음원의 종류

1. 주파수 스펙트럼에 의한 분류가 아닌 것은?
   1) 순음
   2) 복합음
   3) 음악음
   4) 주기성 음

2. 주기적인 파형이 아닌 것은?
   1) 음성
   2) 음악
   3) 소음
   4) 피아노 음

3. 복합음이 아닌 것은?
   1) 톱니파
   2) 구형파
   3) 사인파
   4) 삼각파

4. 2개 이상의 주파수를 가지고 있지 않은 음은?
   1) 순음
   2) 복합음
   3) 소음
   4) 음악음

5. 여러 개의 순음들이 합쳐진 주기적인 음은?
   1) 순음
   2) 음악음
   3) 자연음
   4) 소음

6. 배음 중에서 최저 주파수를 무엇이라고 하는가?
   1) 고조파 음
   2) 정재파 음
   3) 공명 음
   4) 기본 음

7. 음파의 파형이 주기적이지 않고 불규칙한 것은?
   1) 순음
   2) 복합음
   3) 음악음
   4) 소음

8. 하나의 주파수를 갖고 진폭이 일정한 음은?
   1) 순음
   2) 복합음
   3) 악음
   4) 배음

9. 주기적인 파형이 아닌 것은?
   1) 음성
   2) 음악
   3) 피아노 음
   4) 박수 소리

1) 4   2) 3   3) 3   4) 1   5) 2   6) 4   7) 4   8) 1   9) 4

10. 악기 중에서 배음이 많아서 음색이 풍부한 악기는?
1) 플루트　　　　2) 바이올린　　　　3) 음성　　　　4) 하모니카

11. 배음이 가장 적은 악기는?
1) 오보에　　　　2) 바이올린　　　　3) 트럼펫　　　　4) 플루트

12. 복합음을 순음으로 분해하여 순음의 주파수를 가로축에 나타내고, 진폭을 세로축에 나타낸 것은?
1) 간섭　　　　2) 스펙트럼　　　　3) 비트　　　　4) 파장

13. 다음 설명 중에서 틀린 것은?
1) 자연계의 음에는 순음이 존재한다.　　2) 파형의 주기가 없는 음은 소음이다.
3) 구형파는 홀수 배의 배음만 존재한다.　　4) 배음이 많은 음일수록 음색이 풍부하게 들린다.

14. 다음 설명 중 틀린 것은?
1) 목관 악기는 리드 악기이다.　　2) 금관 악기는 립 리드 악기이다.
3) 리코더는 싱글 리드 악기이다.　　4) 하모니카는 리드 악기이다.

15. 스펙트럼이 -3dB/oct로 감쇠되는 잡음은?
1) 브라운 잡음　　　　2) 핑크 잡음　　　　3) 백색 잡음　　　　4) 마스킹 잡음

16. 오디오 주파수 대역에서 에너지가 똑 같은 잡음은?
1) 갈색 잡음　　　　2) 핑크 잡음　　　　3) 백색 잡음　　　　4) 브라운 잡음

17. 핑크 노이즈의 설명 중에서 틀린 것은?
1) 음향 시스템의 전송 주파수 특성을 보정할 때 사용하는 신호이다.
2) 주파수 특성이 평탄한 신호이다.
3) 주파수가 옥타브 상승하면 레벨이 -3dB 감쇠되는 특성이다.
4) 옥타브 대역으로 분석하면 평탄한 특성이 된다.

18. 핑크 노이즈의 설명으로서 적절하지 않은 것은?

① 청감적으로 평탄한 특성이다.
② -10dB/decade로 감쇠되는 특성이다.
③ 옥타브 스펙트럼 분석기로 분석하면 3dB/oct로 증가되는 특성이다.
④ 앰프에서 나오는 잡음과 유사하다.

1) ①, ②　　　　2) ②, ③　　　　3) ①, ③, ④　　　　4) ③, ④

19. 1 옥타브 대역으로 분석한 스펙트럼은 무슨 음인가?

1) 백색 잡음　　　2) 핑크 잡음　　　3) 갈색 잡음　　　4) 브라운 잡음

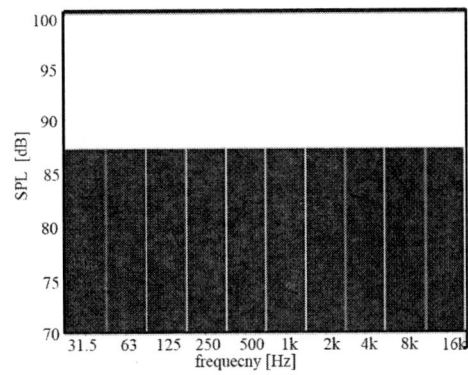

20. 다음 설명 중에서 틀린 것은?

1) 핑크 잡음은 옥타브당 에너지가 같다.
2) 백색 잡음은 주파수당 에너지가 3dB/oct로 상승한다.
3) 백색 잡음은 핑크 잡음보다 고음이 많다.
4) 핑크 잡음은 청각적으로 평탄한 특성이다.

21. 다음 그림은 무슨 음의 스펙트럼인가?

1) brown noise　　2) masking noise　　3) pink noise　　4) white noise

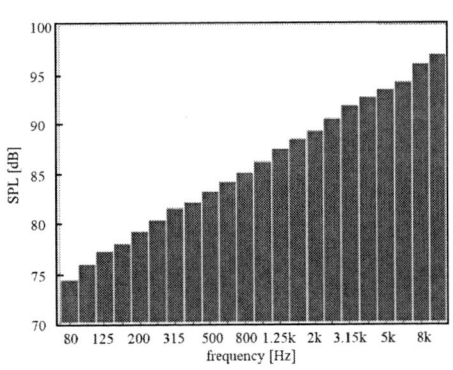

22. 주파수가 1옥타브 상승하면서 에너지가 -1/2씩 감쇠되는 잡음은?
1) 브라운 잡음   2) 핑크 잡음   3) 백색 잡음   4) 퍼플 잡음

23. 다음 그림은 무슨 음의 스펙트럼인가?
1) white noise   2) pink noise   3) brown noise   4) Hoth noise

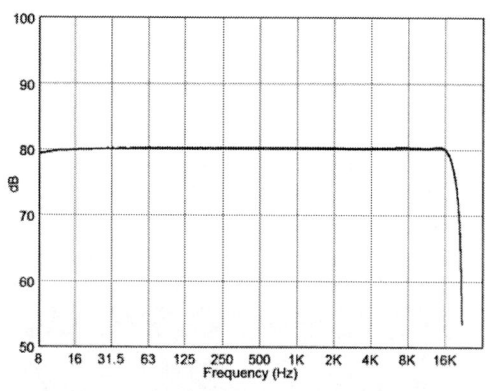

24. 다음 신호 중에서 스펙트럼 특성이 다른 것은?
1) MLS   2) pink noise   3) linear sweep   4) white noise

25. 다음과 같은 엔벌로프 구조를 가지고 있는 악기는?
1) 오르간   2) 피아노   3) 실로폰   4) 드럼

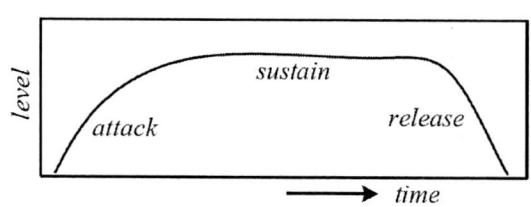

26. 엔벌로프의 요소가 아닌 것은?
1) 딜레이   2) 어택   3) 디케이   4) 릴리스

27. 그림과 같이 파형의 시간적 변화 구조를 무엇이라고 하는가?
1) frequency   2) spectrum   3) pitch   4) envelop

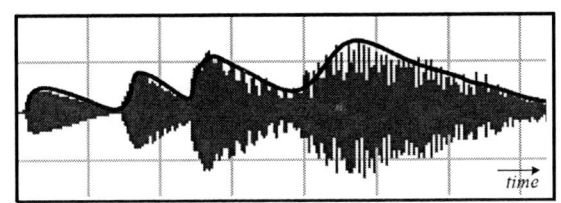

28. 악기음의 명료성에 가장 중요한 엔벌로프의 요인은?
1) attack　　　2) sustain　　　3) hold　　　4) decay

29. 엔벌로프의 과정에서 악기음의 잔향을 지각하는 부분은?
1) attack　　　2) sustain　　　3) release　　　4) decay

30. 엔벌로프의 sustain 과정이 없는 악기 음은?
1) 피아노　　　2) 기타　　　3) 바이올린　　　4) 음성

31. 악기음을 발생시켰을 때 정상 레벨이 유지되는 과정은?
1) attack　　　2) sustain　　　3) decay　　　4) release

32. 음이 발생되기 시작하여 최대 레벨에 이르는 과정은?
1) attack　　　2) sustain　　　3) hold　　　4) decay

33. envelop의 release가 가장 긴 악기음은?
1) 바이올린　　　2) 킥 드럼　　　3) 가야금　　　4) 실로폰

34. 어택이 가장 느린 악기음은?
1) 오르간　　　2) 피아노　　　3) 색소폰　　　4) 실로폰

35. 어택이 가장 빠른 악기음은?
1) 오르간　　　2) 피아노　　　3) 음성　　　4) 색소폰

36. 다음과 같은 엔벌로프 구조를 가지고 있지 않은 악기는?
1) 실로폰	2) 킥 드럼	3) 기타	4) 오보에

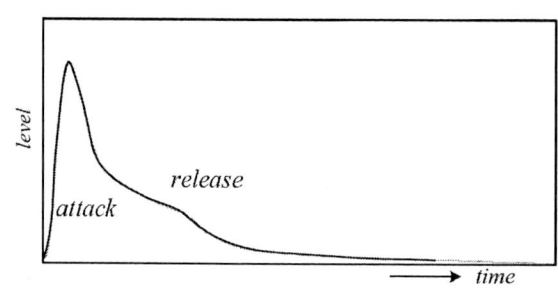

37. 피아노 음을 녹음하여 역으로 재생하면 음색이 오르간 음색으로 바뀌는 것은 음의 무슨 특성이 변한 것인가?
1) 엔벌로프	2) 피치	3) 주파수	4) 파장

38. 엔벌로프의 요소 중에서 음악 음의 음색에 가장 많은 영향을 주는 것은?
1) decay	2) sustain	3) attack	4) release

39. 다음 그림과 같이 1 옥타브로 분석한 스펙트럼 특성을 가지고 있는 음은?
1) white noise	2) brown noise	3) pink noise	4) purple noise

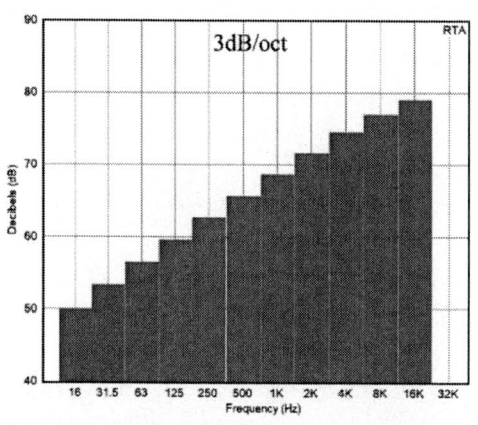

40. 주파수가 1옥타브 증가하면 레벨이 −3dB씩 감쇠되는 특성을 가지고 있는 음은?
1) white noise	2) brown noise	3) pink noise	4) purple noise

36) 4   37) 1   38) 3   39) 1   40) 3

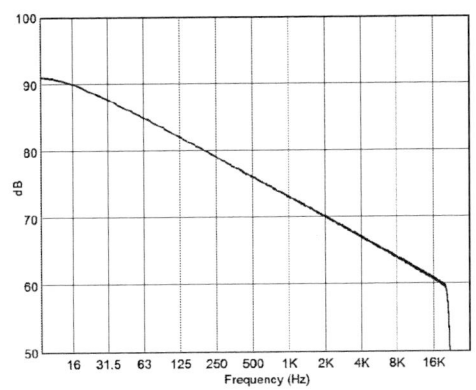

41. 악기 음의 배음과 가장 밀접한 관계가 있는 파라미터는?
1) 음량
2) 음색
3) 높낮이
4) 현장감

42. lip reed 악기가 아닌 것은?
1) 호른
2) 튜바
3) 플루트
4) 트럼펫

43. 쳄발로의 발음 방법은?
1) 리드에 공기를 불어 넣는다.
2) 현을 두드린다.
3) 현을 뜯는다.
4) 금속판을 두드린다

44. 다음 설명 중에서 틀린 것은?
1) 악기 중에서 가장 넓은 음역을 가지고 있는 것은 피아노이다.
2) 복합음 중에서 가장 낮은 저주파수 음을 기본음, 기본음의 정수배의 음을 배음이라고 한다.
3) 반음의 음정은 1/12 옥타브이다.
4) 평균율 음계란 옥타브 사이의 주파수를 균등하게 나눈 것이다.

45. 강약 조절이 되지 않은 악기는?
1) 쳄발로
2) 피아노
3) 기타
4) 오보에

46. 다음 설명 중에서 틀린 것은?
1) 악기 중에서 가장 넓은 음역을 가지고 있는 것은 파이프 오르간이다.

2) 현악기 음에는 고차 배음이 적다.
3) 현의 진동 주파수는 현의 길이에 반비례한다.
4) 플루트은 에어 리드 악기이다.

47. 다음 설명 중에서 틀린 것은?
1) 색소폰은 금관 악기이다.
2) 팀파니는 음계가 있다.
3) 트럼본, 튜바, 트럼펫은 금관 악기이다.
4) 악보에 쓰여져 있는 Tutti는 연주자 전원이 참가하여 연주한다는 의미이다.

48. air reed 악기는?
1) 플루트   2) 튜바   3) 호른   4) 트럼펫

49. 주파수 대역이 가장 넓은 악기는?
1) 플루트   2) 바이올린   3) 피아노   4) 파이프 오르간

50. 가구(歌口)의 edge에 공기가 부딪히어 소리가 나는 악기는?
1) air reed   2) lip reed   3) single reed   4) double reed

51. 악기의 발음 방법이 다르게 배열된 것은?
1) 트럼펫, 트럼본, 튜바   2) 바이올린, 비올라, 첼로
3) 오보에, 파곳, 바순   4) 피아노, 하프, 첼레스타

52. 타악기에 해당되는 것은?
1) 첼레스터   2) 트럼펫   3) 하모니카   4) 가야금

53. 악기에 관한 내용 중에서 잘못 설명된 것은?
1) 관악기 중 가장 높은 소리를 내는 악기는 피콜로이다.
2) 주파수 대역의 가장 넓은 악기는 파이프 오르간이다.
3) 가장 높은 음을 내는 현악기는 바이올린이다.
4) 하모니카는 건반 악기이다.

3. 심리 음향

1. 귀의 구조에서 중이는 어느 음향기기의 역할과 유사한가?
1) 증폭기   2) 이퀄라이저   3) 수신기   4) 신호 처리기

2. 귀의 구조에서 귀바퀴는 어느 음향기기의 역할과 유사한가?
1) 증폭기   2) 이퀄라이저   3) 수신기   4) 신호 처리기

3. 귀의 구조에서 외이도는 어느 음향기기의 역할과 유사한가?
1) 증폭기   2) 이퀄라이저   3) 수신기   4) 신호 처리기

4. 청각이 3~4kHz 대역에서 감도가 높은 이유는?
1) 외이도의 공진   2) 중이의 증폭   3) 귀바퀴의 회절   4) 내이의 특성

5. 소음성 난청에 있어서 장애가 생기는 곳은?
1) 외이   2) 중이   3) 내이   4) 대뇌 청각역

6. C^5 Dip은 어떠한 난청에 해당되는가?
1) 소음성 난청   2) 내이성 난청   3) 전음성 난청   4) 선천성 난청

7. 오디오미터에 관한 설명 중에서 틀린 것은?
1) 오디오미터는 청력 검사에서 사용되는 계측기이다.
2) 기준치는 피험자와 같은 연령군의 정상적인 청력을 가진 사람의 가청 한계치를 사용한다.
3) 가청 한계치와 기준치와의 차가 작을수록 청력이 좋다.
4) 가청 한계치가 30dB이란 정상 청력자보다 30dB보다 큰 음이어야 들린다는 의미이다.

8. 음원으로부터 귀까지의 소리의 전달 특성이 머리나 귓바퀴의 영향으로 음원의 방향에 따라서 변하는 것을 무엇이라고 하는가?
1) 회절   2) 간섭   3) 칵테일 파티 효과   4) 머리전달함수

1) 1   2) 3   3) 2   4) 1   5) 3   6) 1   7) 2   8) 4

9. 인간의 가청 주파수 대역은?
1) 20Hz~200Hz   2) 20Hz~2kHz   3) 200Hz~20kHz   4) 20Hz~20kHz

10. 다이내믹 레인지가 가장 넓은 것은?
1) 청각   2) FM   3) 아날로그 리코더   4) 디지털 리코더

11. 청력 보호를 위한 소음의 노출 허용 시간은 100dB(A)에서 몇 시간인가?
1) 1시간   2) 2시간   3) 5시간   4) 10시간

12. 청각이 고통을 느끼기 시작하는 음압 레벨은 어느 정도인가?
1) 50dB 이상   2) 70dB 이상   3) 120dB 이상   4) 200dB 이상

13. 가청 주파수 대역과 다이내믹 레인지 범위를 바르게 기술한 것은?
1) 20~20,000Hz / 0~120dB
2) 100~1,000Hz / 20~80dB
3) 20~20,000Hz / 0~140dB
4) 20~1,0000Hz / 20~120dB

14. 라우드니스가 가장 큰 음은?
1) 40Hz / 80dB   2) 600Hz / 70dB   3) 1,000Hz / 74dB   4) 4,000Hz / 74dB

15. 청각이 가장 예민한 주파수는?
1) 100Hz   2) 500Hz   3) 1000Hz   4) 4000Hz

16. 정상적인 청각이 가까스로 들을 수 있는 음압 레벨은?
1) 0phon   2) 10phon   3) 100phon   4) 130phon

17. 1kHz의 65dB는 몇 phon인가?
1) 40phon   2) 50phon   3) 65phon   4) 74phon

18. 라우드니스 곡선에서 200Hz의 80dB는 몇 phon인가?
1) 60phon   2) 68phon   3) 80phon   4) 82phon

19. 녹음 상태를 모니터할 때 음량을 90dB(A) 정도로 모니터해야 음을 자세하게 들을 수 있는 청각 특성은?
   1) 라우드니스　　　2) 임계 대역　　　3) 칵테일 파티효과　　　4) 선행음 효과

20. 라우드니스의 단위는?
   1) dB　　　2) sone　　　3) dB(A)　　　4) mel

21. 60phon의 소리는 50phon의 소리에 비해 몇 배 크게 들리는가?
   1) 2배　　　2) 3배　　　3) 4배　　　4) 10배

22. 라우드니스 레벨에서 1sone는 몇 phon에 해당하는가?
   1) 20　　　2) 30　　　3) 40　　　4) 50

23. 단위 설명 중에서 틀린 것은?
   1) phon; 음의 크기　　　2) 1sone; 40phon　　　3) 1mel; 1sone　　　4) dB; 음압 레벨

24. 단위로 dB를 사용하지 않는 것은?
   1) 소음 레벨　　　2) 라우드니스　　　3) 음압 레벨　　　4) 음향 파워 레벨

25. 스피커 바로 앞에서는 저음이 풍부하게 들리는데, 멀어지면 저음이 잘 들리지 않은 현상은?
   1) bass loss　　　2) cocktail party effect　　　3) critical band　　　4) precedent effect

26. 인간의 청감 특성에 대한 설명 중에서 가장 부적절한 것은?
   1) 음량이 작을수록 저역의 감도가 떨어진다.
   2) 음량이 클수록 음색의 차이를 알기 쉽다.
   3) 1000Hz 부근의 음이 가장 민감하다.
   4) 음량이 클수록 고음과 저음이 더 잘 들린다.

27. 마이크와 청각 특성이 차이가 아닌 것은?
   1) 칵테일 파티 효과　　　2) 비트 효과　　　3) 주파수 특성　　　4) missing fundamental

28. 두 개의 다른 주파수 음이 같은 크기로 들리기 위해서는 무슨 수치가 같아야 하는가?
1) dB
2) phon
3) mel
4) sone

29. 음색을 결정하는 요인이 아닌 것은?
1) 스펙트럼
2) 엔벌로프
3) 주파수
4) 음속

30. 복잡한 청각적 인상을 가지고 있는 음의 주관적 특성을 나타내는 용어는?
1) wavelength
2) pressure
3) frequency
4) timbre

31. 중앙 C음을 피아노와 바이올린이 같은 크기로 연주할 때, 두 음이 같은 특성을 나타내는 것은?
1) 음색
2) 피치
3) 스펙트럼
4) 엔벌로프

32. 악기 음의 음색과 청감적으로 가장 관계가 적은 것은?
1) spectrum
2) envelop
3) frequency
4) sound pressure

33. mel 척도의 기준 주파수는?
1) 1kHz
2) 4kHz
3) 5kHz
4) 10kHz

34. 음의 피치를 두 배로 하기 위해서는 어떻게 조정해야 하는가?
1) 주파수를 1 옥타브 높게 한다.
2) mel이 두 배가 되도록 한다.
3) 1sone을 2sone으로 한다.
4) dB를 두 배로 한다.

35. 음의 높이(pitch)를 나타내는 단위는?
1) mel
2) phon
3) sone
4) Hz

36. 다음 설명 중에서 틀린 것은?
1) 음의 크기와 주파수는 관계가 없다.
2) 명료도 기여율은 2~4kHz 대역이 가장 높다.
3) 두 개의 주파수가 아주 가까우면 비트가 생겨서 마스킹은 감소된다.
4) 여러 소리 중에서 제일 먼저 도달하는 소리 쪽에 음상이 정위되는 것이 선행음 효과이다.

28) 2 29) 4 30) 4 31) 2 32) 4 33) 1 34) 2 35) 1 36) 1

37. 마스킹 효과에 대한 설명 중에서 틀린 것은?
1) 저음은 고음을 마스킹하기 어렵다.
2) 주파수가 비슷한 순음일수록 마스킹하기 쉽다.
3) 두 개의 주파수가 아주 가까우면 비트가 생겨서 마스킹은 감소된다.
4) 마스킹하는 음의 레벨을 올리면 마스킹 범위가 넓어진다.

38. 마스킹 효과를 설명한 것은?
1) 보컬이 반주 음에 의해서 잘 들리지 않는다.
2) 여러 가지 소리 중에서 하나의 소리만을 집중하여 들을 수 있다.
3) 여러 개의 소리 중에서 가장 먼저 도달하는 소리 쪽에 음상이 정위된다.
4) 잡음의 대역 폭이 증가되면 라우드니스가 커진다.

39. 오디오 신호 압축에서 사용하는 청각 효과는?
1) 두 귀 효과   2) 마스킹 효과   3) 칵테일 파티 효과   4) 선행음 효과

40. 마스킹 현상의 특징 중에서 틀린 것은?
1) 저음은 고음을 마스킹한다.
2) 마스커 레벨이 높으면 마스킹 범위가 넓어진다.
3) 마스키와 마스커 주파수가 비슷하면 마스킹이 감소된다.
4) 중음은 저음을 마스킹하기 쉽다.

41. 마스킹 효과와 관계가 없는 것은?
1) background music   2) 음성에 잔향 부가
3) 노래에 잔향 부가   4) 대역 폭이 증가하면 라우드니스 증가

42. 마스킹 효과에 대한 설명 중에서 가장 부적절한 것은?
1) 마스킹 효과는 바람직하지 않은 효과이다.
2) 믹싱할 때 각 악기 음들이 서로 마스킹되지 않게 조정한다.
3) 잔향이 많아서 명료도가 감소되는 것은 마스킹 효과 때문이다.
4) 보컬은 저음 악기에 의해서 마스킹되기 쉽다.

37) 1   38) 1   39) 2   40) 4   41) 4   42) 1

43. 청감 특성을 설명한 것 중에서 가장 부적절한 것은?
1) 음량이 클수록 저역의 감도가 떨어진다.
2) 음량이 클수록 음색의 차이를 알기 쉽다.
3) 4000Hz 부근의 음이 가장 민감하다.
4) 음량이 크면 높은 주파수는 더 높게 들리고, 낮은 주파수는 더 낮게 들린다

44. 마스킹 노이즈 시스템의 음원은 어떠한 음을 사용하는 것이 적절한가?
1) 저음이 많은 음   2) 고음이 많은 음
3) 중음이 많은 음   4) 주파수 특성이 평탄한 음

45. 서투른 노래에 잔향을 부가하면 듣기 좋은 노래가 되는 것은 무슨 효과인가?
1) 마스킹 효과   2) 코러스 효과   3) 라우드니스 효과   4) 임계 효과

46. 믹싱할 때에 응용되지 않는 청각 특성은?
1) 마스킹 효과   2) 칵테일 파티 효과   3) 선행음 효과   4) 비트 효과

47. 긍정적인 마스킹 효과는?
1) 음악에 잔향 부가   2) 음성에 잔향 부가
3) 소음 환경에서 음성 확성   4) 반주에 의한 보컬의 선명도 변화

48. 부정적인 마스킹 효과는?
1) 음성에 잔향 부가   2) background music
3) 음악에 잔향 부가   4) 오디오 신호의 압축

49. 음의 레벨을 일정하게 유지하면서 어느 대역 폭 이상이 되면 소리가 커지는 현상은?
1) cocktail party effect   2) critical bandwidth
3) precedence effect   4) masking effect

50. 임계 대역에 대해서 설명한 것은?
1) 보컬이 반주 음에 의해서 잘 들리지 않는다.
2) 여러 가지 소리 중에서 하나의 소리만을 집중하여 들을 수 있다.

3) 여러 개의 소리 중 가장 먼저 도달하는 소리 쪽에 음상이 정위된다.
4) 잡음의 대역 폭이 증가되면 라우드니스가 커진다.

51. 많은 연주 악기음 중에서 자기가 듣기 원하는 악기 음만을 선택적으로 들을 수 있는 현상은?
    1) Diffraction
    2) Interference
    3) Cocktail party effect
    4) Doppler effect

52. 많은 사람들이 모여 있는 혼잡한 상태에서도 듣고자 하는 음만을 선택적으로 들을 수 있는 현상은?
    1) 회절
    2) 마스킹 효과
    3) 칵테일 파티 효과
    4) 도플러 효과

53. 복합음의 기본 주파수가 없어도 기본 주파수에 대응되는 피치가 지각되는 현상은?
    1) Diffraction
    2) Missing fundamental
    3) Cocktail party effect
    4) Doppler effect

54. 음의 방향감 지각에 대한 설명 중에서 틀린 것은?
    1) 두 귀 간의 음압 레벨 차와 시간 차로 지각한다.
    2) 수직보다 수평 방향 지각의 변별이 더 잘 된다.
    3) 저주파수는 두 귀 간의 레벨 차로 방향 지각을 한다.
    4) 수직 방향 지각은 머리전달함수가 실마리이다.

55. 음상의 거리감과 관련이 없는 것은?
    1) 음압 레벨
    2) 직접음 대 잔향음 비
    3) 주파수 특성
    4) 두 귀 간의 시간 차

56. 방향 정위감에 대한 실마리가 아닌 것은?
    1) 두 귀 간의 레벨 차
    2) 두 귀 간의 시간 차
    3) 머리전달함수
    4) 주파수 특성

57. 소리의 방향과 거리를 지각할 수 있는 것은 무슨 효과인가?
    1) 도플러 효과
    2) 공명 효과
    3) 임계 효과
    4) 두 귀 효과

58. 설명 중에서 가장 적절하지 않은 것은?
1) 두 귀에 입사하는 소리의 세기와 레벨 차로 지각한다.
2) 수평 방향보다 수직 방향의 지각 능력이 좋다.
3) 거리감의 지각 능력은 좋지 않다.
4) 수직 방향은 머리전달함수로 지각한다.

59. 설명 중에서 가장 적절하지 않은 것은?
1) 두 귀에 입사하는 소리의 세기와 레벨 차로 지각한다.
2) 거리감의 지각 능력은 좋지 않다.
3) 귀바퀴가 없어도 방향 지각에 영향을 주지 않는다.
4) 고음은 두 귀 간의 레벨 차로 지각한다.

60. 음상의 원근감을 제어하는 요인이 아닌 것은?
1) 잔향   2) 직접음 대 잔향음 비   3) 주파수 특성   4) S/N 비
☞ 음원에 잔향을 부가하면 거리감이 멀어지고, 직접음 대 잔향음 레벨 비를 조정하여 거리감을 제어할 수 있으며, 1~5kHz 대역을 커트하면 음상을 멀리 느끼게 할 수 있고, 부스트하면 가깝게 할 수 있다.

61. 설명 중에서 선행음 효과는?
1) 반주 음에 의해서 보컬이 잘 들리지 않는다.
2) 여러 가지 소리 중에서 하나의 소리만을 집중하여 들을 수 있다.
3) 여러 개의 소리 중에서 가장 먼저 도달하는 소리 쪽에 음상이 정위된다.
4) 소리의 세기가 일정한 잡음이 어느 대역 이상이 되면 소리가 크게 들린다.

62. 설명 중에서 가장 적절하지 않은 것은?
1) 귀의 주파수 특성은 레벨에 따라서 달라진다.
2) 기기의 주파수 특성은 좋은 음질의 필요 조건이다.
3) 레벨이 큰 음에 의해 작은 음이 마스킹된다.
4) 음량에 관계 없이 음악의 음색은 똑같다.

63. 설명 중에서 틀린 것은?
1) 음의 크기는 주파수에 따라서 다르다.
2) 음량과 재생 음색과는 관계가 없다.
3) 두 개의 주파수가 아주 가까우면 비트가 생겨서 마스킹은 감소된다.
4) 제일 먼저 도달하는 음쪽에 음상이 정위되는 것은 선행음 효과이다.

64. 음상 제어에 사용되는 현상이 아닌 것은?
1) head related transfer function
2) precedent effect
3) critical bandwidth
4) interaural level difference

65. 설명 중에서 가장 적절하지 않은 것은?
1) 스피커의 설치 위치에 따라서 콤필터 왜곡 정도가 달라진다.
2) 주파수 특성이 평탄하지 않으면 음질이 나쁘다.
3) 음의 어택 부분은 명료도와 관계가 있다.
4) 오르간 음은 릴리스가 길다.

66. 방송 프로그램의 라우드니스 기준치는?
1) -10LK
2) -18LK
3) -20LK
4) -24LK

67. 설명 중에서 부적절한 것은?
1) 소리의 크기와 주파수는 관계가 있다.
2) 음량에 따라서 음색도 달라진다.
3) 마스킹 효과는 녹음에서 중요한 역할을 한다.
4) 주파수 특성이 나쁘면 음질이 좋지 않다.

68. 긍정적인 마스킹 효과가 아닌 것은?
1) 귀에 들리지 않은 신호를 삭제하여 오디오 데이터를 압축한다.
2) background music을 부가하여 주변 소음이 들리지 않게 한다.
3) 음악에 적절한 잔향을 부가하여 풍부하게 만든다.
4) 음성에 적절한 잔향을 부가하여 음량감을 높인다.

69. 청각 특성을 설명한 것 중에서 적절하지 않은 것은?
1) 자극량과 감각량과의 관계는 로그 함수이다.
2) 청각이 가장 민감한 주파수는 4kHz이다.
3) 순음의 크기가 커지면, 실제로 존재하지 않은 음이 들리게 된다.
4) 청각은 위상과 위상차를 검지할 수 있다.

70. 설명 중에서 적절하지 않은 것은?
1) 귀의 주파수 특성은 레벨에 따라서 달라진다.
2) 기기의 주파수 특성은 좋은 음질의 필요 조건이다.
3) 청각의 최대 가청 레벨은 120dB이다.
4) 외이도의 공진 주파수는 1kHz이다.

71. 설명 중에서 맞는 것은?
1) 머리 전달 함수는 방향감 지각과 관계가 없다.
2) 인간의 가청 주파수 범위는 20~10000Hz이다.
3) 오케스트라에서 어느 악기음이 잘 들리지 않은 것은 마스킹 때문이다.
4) 소리의 크기와 주파수는 관계가 없다.

72. 청각 특성을 설명한 것 중에서 적절하지 않은 것은?
1) 음량이 커지면 저음이 더 잘 들린다.
2) 주파수 특성이 평탄하면 좋은 음질로 들린다.
3) 저음 악기 음에 의해서 중고음 악기 음이 마스킹된다.
4) 저음은 두 귀 간의 시간 차로 방향을 지각한다.

73. 청감 특성을 설명한 것 중에서 적절하지 않은 것은?
1) 음량이 커지면 저음은 피치가 더 높게 들린다.
2) 음량이 클수록 음색의 차이를 알기 쉽다.
3) 4000Hz 부근의 음에 가장 민감하다.
4) 음량이 크면 고음이 더 잘 들린다.

74. 정중앙면의 방향감의 지각과 관련이 있는 것은?
1) 두 귀 간의 시간 차
2) 머리 전달 함수
3) 두 귀 간의 레벨 차
4) 직접음 대 잔향음 레벨 비

75. 홀에서 연주를 들을 때 실내의 벽면으로부터 무수히 많은 반사음이 우리 귀에 입사되지만, 직접음만 지각되고, 반사음이 지각되지 않은 이유는?
1) 선행음 효과
2) 임계 효과
3) 두 귀 효과
4) 콤필터 효과

76. 두 스피커의 음질을 비교 평가할 때, 음량을 같게 재생하면서 평가해야 이유는?
1) 청각의 마스킹 효과
2) 청각의 라우드니스 특성
3) 선행음 효과
4) 임계 대역 효과

77. 마스킹 효과에 대한 설명 중에서 적절한 것은?

① 마스킹 효과는 바람직하지 않은 효과이다.
② 믹싱할 때 각 악기 음들이 서로 마스킹되지 않게 조정한다.
③ 잔향이 많아서 명료도가 감소되는 것은 마스킹 효과 때문이다.
④ 보컬은 저음 악기에 의해서 마스킹되기 쉽다.

1) ①, ②
2) ②, ③
3) ①, ②, ④
4) ②, ③, ④

78. 그림 (a)와 같이 500Hz와 1kHz의 레벨이 같은 음으로 구성된 음과 그림 (b)와 같이 500Hz와 4kHz의 레벨이 같은 음으로 구성된 음을 사운드 레벨 미터로 측정하면 같은 레벨로 나타나는데 실제로 들어보면 라우드니스가 다르게 들리는 이유는 무슨 현상 때문인가?

1) 마스킹 효과
2) 회절 효과
3) 선행음 효과
4) 콤필터 효과

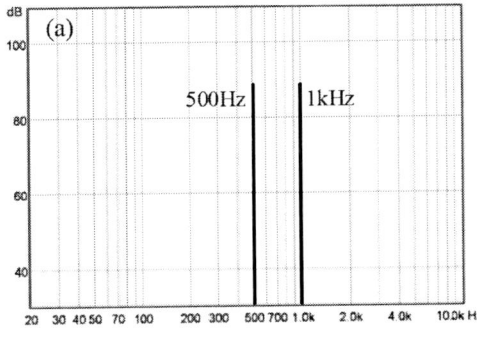
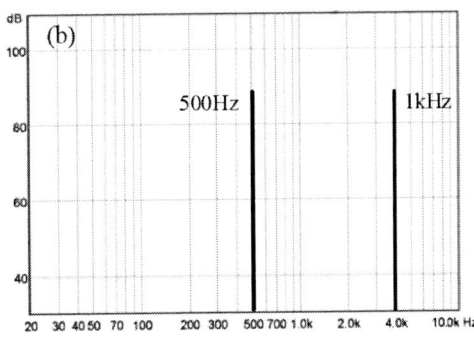

4. 입체음향

1. 음향 전송 시스템의 명칭이 잘못된 것은?

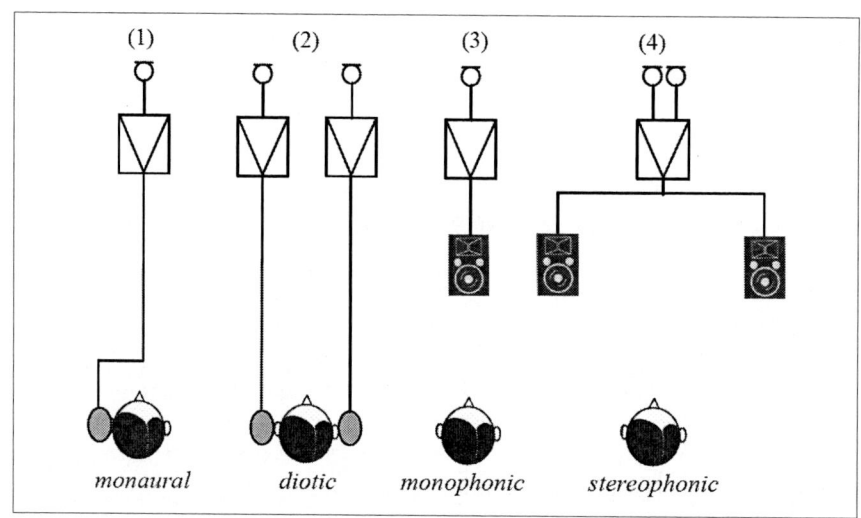

2. 마이크와 앰프가 하나의 채널로 연결되어 있고, 한 쪽 귀로 듣는 음향 시스템은?
1) monophonic 2) binaural 3) monaural 4) diotic

3. 마이크와 앰프가 하나의 채널로 연결되어 있고, 하나의 스피커로 청취하는 음향 시스템은?
1) monophonic 2) binaural 3) monaural 4) diotic

4. 두 채널의 전송계를 이용하여 두 채널 앰프와 두 대의 스피커에 연결하여 재생하는 시스템은?
1) monophonic 2) binaural 3) stereophonic 4) monaural

5. 입체 음향 효과와 관계가 가장 적은 것은?
1) 현장감 2) 음량감 3) 거리감 4) 공간감

6. 스테레오 효과와 가장 관계가 적은 것은?
1) 확산감 2) 정위감 3) 투명감 4) 충실도

1) 2 2) 3 3) 1 4) 3 5) 2 6) 3

7. 입체 음향의 올바른 정의는?
1) 여러 개의 스피커로 재생한다.
2) 멀티 마이크로 픽업하여 멀티 채널로 재생하여 악기음의 음상을 정위시킨다.
3) 하나의 마이크로 음을 픽업하여 여러 개의 스피커를 재생한다.
4) 멀티 채널로 픽업하여 1대의 앰프와 여러 대의 스피커로 재생한다.

8. 5.1 채널 오디오에서 서라운드 스피커의 역할이 아닌 것은?
1) 공감감 재현　　2) 옆방향 음상 재현　　3) 뒤방향 음상 재현　　4) 정면 음상 정위

9. 5.1 채널 서라운드 시스템에서 서라운드 스피커의 재생 대역은?
1) 20~20,000Hz　　2) 100~10,000Hz　　3) 20~150Hz　　4) 70~7,000Hz

10. 5.1 채널 서라운드 오디오의 국제 규격은?
1) AC-3　　2) DTS　　3) THX　　4) SDDS

11. 5.1 채널 서라운드 특징이 아닌 것은?
1) 센터 음상　　2) 2채널 스테레오와 양립성　　3) 현장감 향상　　4) 명료성 향상

12. 5.1 채널 오디오에서 센터 스피커의 역할이 아닌 것은?
1) 안정된 음상 정위　　　　　　2) 최적 청취 영역 확대
3) 영상과 오디오의 음상 매칭　　4) 확산감 확대

13. 5.1 채널 서라운드 시스템에서 배우의 대사를 재생하는 스피커는?
1) center speaker　　2) left speaker　　3) right speaker　　4) surround speaker

14. 5.1 채널 서라운드 시스템에서 효과음을 재생하지 않은 스피커는?
1) center speaker　　2) left speaker　　3) right speaker　　4) surround speaker

15. 5.1 채널 서라운드 시스템에서 0.1 채널의 재생 대역은?
1) 20~20,000Hz　　2) 100~10,000Hz　　3) 20~120Hz　　4) 100~500Hz

16. 2채널 스테레오와 5.1 채널 서라운드의 차이가 아닌 것은?
1) 현장감　　　　　2) 후면 음상 정위　　　3) 센터 음상 정위　　　　4) 명료성

17. THX 규격과 관련이 없는 것은?
1) 잔향 시간　　　　2) 배경 소음 레벨　　　3) 잔향 시간 주파수 특성　　4) 극장의 크기

18. THX 규격에서 정하고 있지 않은 내용은?
1) 극장의 크기　　　2) 배경 소음 레벨　　　3) 잔향 시간　　　　　　　4) 스피커 특성

19. 다음 설명 중에서 틀린 것은?
1) 디지털 서라운드 시스템은 기본적으로 5.1 채널이다.
2) 2채널 스테레오의 최적 스피커 배치 각도는 좌우 60도이다.
3) 5.1 채널 서라운드의 프론트 스피커는 2채널 스테레오 스피커와 호환성이 없다.
4) 5.1 채널 서라운드의 특징은 앞방향의 음상 정위를 안정시키고, 현장감을 증가시키는 것이다.

20. 2채널 스테레오의 청취 지점이 정중앙에서 벗어나면 스테레오 효과가 없어지는 원인은?
1) 선행음 효과　　　2) 도플러 효과　　　　3) 라우드니스 효과　　　　4) 비트 효과

21. 2채널 스테레오의 한계점이 아닌 것은?
1) sweet spot이 좁다.　　　　　　　　2) 센터 음상이 허음상이다.
3) 3차원 음상 정위가 되지 않는다.　　4) 다이내믹 레인지가 좁다.

22. 5.1 채널 서라운드 시스템에서 센터 스피커와 서라운드 스피커의 최적 설치 위치 각도는?
1) 60도　　　　　　2) 110도　　　　　　3) 130도　　　　　　　　4) 150도

23. 다음 설명 중에서 틀린 것은?
1) 2채널 헤드폰으로 5.1 채널을 재생할 수 있다.
2) 음상 제어 기술을 이용하면 임의 방향에 음상을 정위시킬 수 있다.
3) 5.1 채널 서라운드 스피커의 재생 대역은 20~20,000Hz이다.
4) THX는 5.1 채널 서라운드 오디오 규격이다.

24. 5.1 채널 서라운드와 2채널 스테레오와의 호환성을 갖게 하는 다운 믹싱 방법은? 여기에서 L, R은 left, right 채널, C는 center 채널, Ls, Rs는 서라운드 채널이다.
   1) Lt=L+0.7C+0.7Ls, Rt=R+0.7C+0.7Rs
   2) Lt=L+Ls, Rt=R+Rs
   3) Lt=L+0.7C, Rt=R+0.7C
   4) Lt=0.7C+Ls, Rt=0.7C+Rs

25. 5.1 채널 서라운드 시스템에서 센터 스피커의 가장 중요한 역할은?
   1) 대사의 안정된 음상 정위
   2) 현장감 증가
   3) 음량감 증가
   4) 해상도의 향상

26. 2채널 가상 서라운드를 개발하는데 중요한 핵심 기술은?
   1) 음상 제어
   2) 하스 효과
   3) 라우드니스 효과
   4) 임계 효과

27. 2채널 스테레오 재생시 두 스피커 간의 설치 각도는?
   1) 30도
   2) 60도
   3) 70도
   4) 90도

28. 5.1 채널에서 bass management 설명이 틀린 것은?
   1) 정재파를 최소화 하기 위한 방법이다.
   2) 5채널의 저음은 100Hz 이하를 커트한다.
   3) 100Hz 이하는 서브 우퍼에서만 재생한다.
   4) 음상의 정위감을 향상시키기 위한 방법이다.

29. 2채널 스테레오 청취 시에 청취 위치가 정중앙이 아니면 음상이 스피커 가까운 쪽에 정위되는 것은 무슨 원리인가?
   1) 선행음 효과
   2) 비트 효과
   3) 도플러 효과
   4) 라우드니스 효과

30. 5.1 채널에서 0.1 채널은 무엇을 의미하는가?
   1) 20~120Hz 대역을 재생한다.
   2) 오디오 대역을 전체 재생한다.
   3) 중앙 스피커를 의미한다.
   4) 서라운드 스피커를 의미한다.

24) 1   25) 1   26) 1   27) 2   28) 4   29) 1   30) 1

31. Home Theater 시스템에서 Bass management의 설명으로서 가장 부적절한 것은?
1) 정재파를 최소화하기 위한 방법 중의 하나이다.
2) 5 채널의 저음을 커트한다.
3) 6 개의 스피커 중에서 서브 우퍼에서만 초저음을 재생한다.
4) 저음을 더욱 더 강조하기 위한 것이다.

32. 영화 음향 시스템의 표준 청취 레벨은?
1) 80dB(A)   2) 91dB(C)   3) 93dB(A)   4) 95dB(C)

33. 2채널 스테레오 최적 청취 지점에서 좌우 지점으로 이동하면 생길 수 있는 문제는?

| ① 음상 정위 | ② 콤필터 왜곡 | ③ 음질 | ④ 다이내믹 레인지 |

1) ①, ④   2) ①, ②   3) ①, ②, ③   4) ③, ④

5. 음향 특성 데이터

1. 잡음 레벨에서 정격 출력 레벨까지의 폭은?
1) 최대 레벨　　　　2) S/N 비　　　　3) 다이내믹 레인지　　　　4) 정격 레벨

2. S/N 비가 가장 낮은 음향 기기는?
1) 아날로그 리코더　　　2) 앰프　　　　3) 믹서　　　　4) 디지털 리코더

3. 잡음 전압이 신호 전압의 1/1000 이면 S/N 비는 얼마인가?
1) 30dB　　　　2) 40dB　　　　3) 50dB　　　　4) 60dB
☞ 20log(1000/1) = 60dB

4. 정격 출력 100W(8Ω 부하) 앰프의 잔류 잡음이 8mV이면 S/N 비는?
1) 36dB　　　　2) 56dB　　　　3) 71dB　　　　4) 74dB
☞ 입력 전압과 출력 잡음과의 비를 구하면 된다.

　　입력 전압은 $V = \sqrt{P \cdot R} = \sqrt{100 \cdot 8}$ =28.28V,　S/N = 20log(28.28V/8mV) = 71dB

5. 정격 출력 200W(8Ω 부하) 앰프의 잔류 잡음이 8mV이면 S/N 비는?
1) 54dB　　　　2) 59dB　　　　3) 62dB　　　　4) 74dB

6. 헤드룸과 S/N 비의 데시벨을 합한 것은?
1) 최대 레벨　　　　2) 정격 레벨　　　　3) 엔벌로프　　　　4) 다이내믹 레인지

7. 정격 출력 레벨에서 왜곡되지 않은 최대 출력 레벨까지를 무엇이라고 하는가?
1) 정격 레벨　　　　2) S/N 비　　　　3) 헤드룸　　　　4) 다이내믹 레인지

8. 다이내믹 레인지가 가장 넓은 것은?
1) AM　　　　2) FM　　　　3) 아날로그 리코더　　　　4) 디지털 리코더

9. 왜곡에 대한 설명으로 맞는 것은?

1) 2　　2) 1　　3) 4　　4) 3　　5) 4　　6) 4　　7) 3　　8) 4　　9) 3

1) 왜곡률이 같은 앰프는 음색이 같다.
2) 저차 고조파는 고차 고조파보다 불쾌하게 느낀다.
3) 홀수 고조파는 짝수 고조파보다 불쾌하게 느낀다.
4) 음향 기기 중에서 왜곡률이 가장 큰 것은 앰프이다.

10. 기기의 정격 입력 레벨보다 큰 신호가 입력되었을 때 생기는 현상은?
1) 주파수 왜곡　　　2) 고조파 왜곡　　　3) 크로스토크　　　4) 크로스오버 왜곡

11. 고조파 왜곡에 대한 설명 중에서 부적절한 것은?
1) 기기의 비선형 특성에 의해서 생긴다.
2) 짝수 배 하모닉스는 홀수 배 하모닉스보다 불쾌하게 느껴진다.
3) 고차 하모닉스는 저차 하모닉스보다 불쾌하게 느껴진다.
4) 음향기기에 과대한 신호가 입력될 때 생긴다.

12. 왜곡률 0.01%를 전압 레벨로 나타내면 몇 dB인가?
1) -90dB　　　2) -80dB　　　3) -60dB　　　4) -40dB
☞ $20\log 0.0001 = -80\text{dB}$

13. 고조파 왜곡 전압 레벨이 -40dB이면 왜곡률은 몇 %인가?
1) 0.01%　　　2) 0.02%　　　3) 0.05%　　　4) 1.0%
☞ $20\log x = -40\text{dB},\ x = 10^{-40/20} = 10^{-2} = 0.01 \rightarrow 0.01 \cdot 100 = 1.0\%$

14. 왜곡 스펙트럼이 다음과 같을 때 왜곡률은?
1) 18%　　　2) 32%　　　3) 38%　　　4) 42%

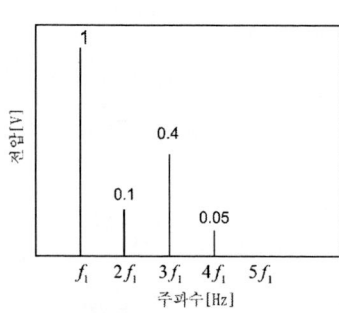

☞ $\sqrt{0.1^2 + 0.4^2 + 0.05^2} = 0.42 \rightarrow 0.42 \times 100 = 42\%$

15. 스피커의 왜곡 파워 스펙트럼이 다음과 같을 때 왜곡률은?
1) -12.2dB   2) -18.2dB   3) -24.1dB   4) -39.6dB

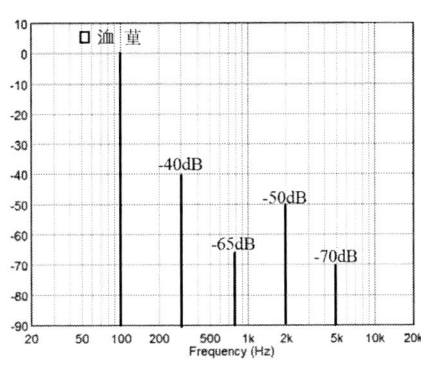

☞ THD = $10\log(10^{-40/10} + 10^{-65/10} + 10^{-50/10} + 10^{-70/10})$ = -39.6dB 또는 THD = $100 \cdot 10^{-39.6/10}$ = 0.01%

16. 기본파는 1V, 2차 고조파는 0.1V, 3차 고조파는 0.3V이면 왜곡률은?
1) 18%   2) 22%   3) 28%   4) 32%

☞ $\sqrt{0.1^2 + 0.3^2}$ = 0.32 → 0.32×100=32%

17. 음향 기기의 재생 음색을 평가할 때 음성을 청취하는 것이 평가하기 쉬운 이유는?
1) 고조파 왜곡을 지각하기 쉽다.   2) 주파수 대역이 넓다.
3) 다이내믹 레인지를 판단하기 쉽다.   4) 주파수 특성을 판단하기 쉽다.

18. 혼변조 왜곡을 측정할 때 사용하는 신호로서 맞는 것은?
1) 50Hz:5kHz=5:1   2) 60Hz:7kHz=4:1
3) 50Hz:7kHz=5:1   4) 60Hz:5kHz=4:1

19. 신호의 클리핑에 대한 설명 중에서 부적합한 것은?
1) 신호의 에너지가 증가된다.   2) 고조파가 발생한다.
3) 주파수 재생 대역이 좁아진다.   4) 고음 스피커가 파손될 수 있다.

20. 고조파 왜곡이 생기는 원인은?
1) 기기의 비선형성   2) 불규칙한 주파수 특성   3) 잡음   4) 콤필터 왜곡

21. 왜곡 스펙트럼이 다음과 같을 때 왜곡률은?

1) −6dB 2) −12dB 3) −20dB 4) −28dB

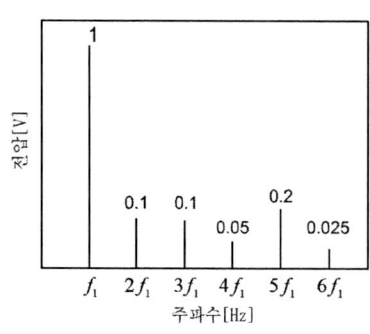

☞ $THD = \sqrt{0.1^2 + 0.1^2 + 0.05^2 + 0.2^2 + 0.025^2} = 0.25 \rightarrow 20\log 0.25 = -12\,dB$

22. 고조파 왜곡 전압 레벨이 −33dB이면 왜곡률은 몇 %인가?

1) 2.24% 2) 3.21% 3) 4.18% 4) 5.1%

☞ 20logx= -33dB → x=10$^{-33/20}$=0.0224 → 0.0224×100=2.24%

23. 혼변조 왜곡이 생기는 원인은?

1) 기기의 비선형성 2) 크로스토크 3) 잡음 4) 콤필터 왜곡

24. 혼변조 왜곡 측정에 사용되는 주파수는?

1) 60Hz, 7kHz 2) 70Hz, 6kHz 3) 250Hz, 5kHz 4) 1kHz, 8kHz

25. 다음 주파수 특성의 통과 대역은?

1) 40~2,000Hz 2) 15~5,000Hz 3) 20~8,000Hz 4) 12~15,000Hz

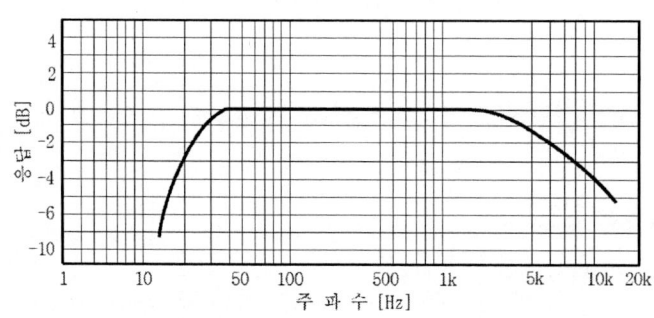

21) 2 22) 1 23) 1 24) 1 25) 3

26. 음향기기의 주파수 대역을 정의할 때 차단 주파수는 몇 dB 떨어지는 주파수인가?
1) -2dB   2) -3dB   3) -5dB   4) -10dB

27. 다음 주파수 특성의 통과 대역은?
1) 200~2,000Hz   2) 60~5,000Hz   3) 100~4,000Hz   4) 100~10,000Hz

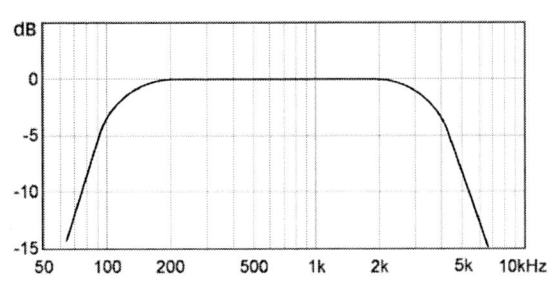

28. 다음 주파수 특성의 통과 대역은?
1) 40~2,000Hz   2) 10~5,000Hz   3) 8~8,000Hz   4) 5~15,000Hz

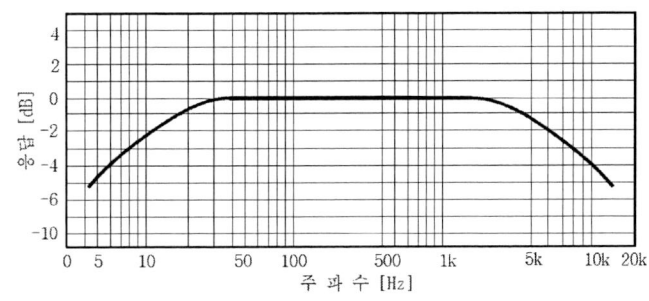

29. 다음과 같은 주파수 특성을 가지고 있지 않은 음향 기기는?
1) 스피커   2) 파워 앰프   3) 믹서   4) 디지털 리코더

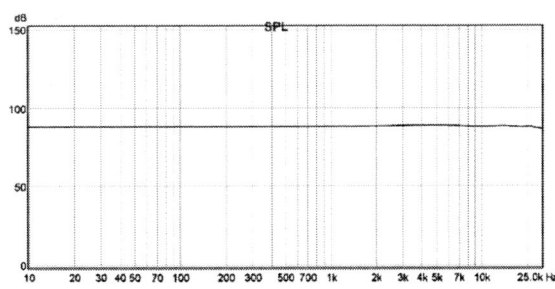

30. 신호의 응답 속도를 나타내는 것은?
1) 댐핑
2) 과도 특성
3) 주파수 특성
4) 왜곡 특성

31. 입력 신호의 변화에 음향 기기가 얼마나 빠르게 반응하는가를 나타내는 것은?
1) damping
2) transient response
3) common mode rejection
4) cross talk

32. 좋은 음질의 조건이 아닌 것은?
1) 왜곡은 2% 이하이어야 한다.
2) 청감상 주파수 대역이 넓어야 한다.
3) 다이내믹 레인지가 넓어야 한다.
4) 과도 특성이 좋아야 한다.

33. 설명 중에서 가장 적절하지 않은 것은?
1) 음량에 따라서 청각의 주파수 특성은 변한다.
2) 평탄한 주파수 특성은 좋은 소리의 충분 조건이다.
3) 공간 반사음은 콤필터 왜곡의 원인이 된다.
4) 마이크의 특성은 귀의 주파수 특성과 다르다.
☞ 평탄한 주파수 특성은 좋은 소리의 필요 조건이지만 충분 조건은 아니다.

34. 설명 중에서 틀린 것은?
1) 다이내믹 레인지는 헤드룸과 S/N 비와의 차이이다.
2) 주파수 특성으로 어느 정도는 음질의 예측이 가능하다.
3) 크로스토크 마이너스 수치는 클수록 좋다.
4) 고조파 왜곡은 1%까지 지각되지 않는다.

35. 설명 중에서 적절하지 않은 것은?
1) 반사음이 없으면 콤필터 왜곡이 생기지 않는다.
2) 고차 고조파 왜곡은 저차 고조파 왜곡보다 불쾌하게 느낀다.
3) 다이내믹 레인지는 S/N 비와 헤드룸의 합이다.
4) 주파수 대역이 좁으면 자연성이 나쁘다.

36. 설명 중에서 적절하지 않은 것은?

30) 2   31) 2   32) 1   33) 2   34) 1   35) 1   36) 4

1) 주파수가 높아질수록 지향성이 좁아진다.
2) 고조파 왜곡은 기기의 비선형 때문에 생긴다.
3) 스피커는 설치 위치에 따라서 음압 레벨이 달라진다.
4) 사람의 음성은 무지향성이다.

37. 음향 시스템의 음질을 평가하는 테스트 음악으로 적절하지 않은 것은?
1) 해상도가 좋은 음악   2) 다이내믹 레인지가 넓은 음악
3) 주파수 스펙트럼 특성이 평탄한 음악   4) 왜곡이 없는 음악
☞ 주파수 스펙트럼이 평탄한 음악은 존재하지 않는다.

38. 음향 기기의 과도 특성을 청감으로 평가하는데 적절하지 않은 음은?
1) 피아노 음   2) 심벌 음   3) 실로폰 음   4) 바이올린 음

39. 재생 음악의 해상도와 가장 거리가 먼 것은?
1) 주파수 대역   2) 과도 특성   3) 왜곡 특성   4) 파워

40. 음향 기기의 좋은 음질의 조건과 거리가 먼 것은?
1) 파워가 큰 음   2) 왜곡이 없는 음   3) 과도 특성이 좋은 음   4) 해상도가 좋은 음

41. 설명 중에서 가장 적절하지 않은 것은?
1) S/N 비는 클수록 잡음이 적다.
2) 혼변조 왜곡은 기기의 비선형성 때문에 생긴다.
3) 고조파 왜곡은 클리핑 때문에 생긴다.
4) 앰프의 왜곡률은 보통 1% 이상이다.

42. 설명 중에서 틀린 것은?
1) 헤드룸은 S/N 비와 최대 출력 레벨의 차이다.
2) THD는 혼변조 왜곡보다 실제적이다.
3) 크로스토크 마이너스 수치는 클수록 좋다
4) THD는 기기의 비선형 특성에 의해서 생긴다.

43. 왜곡이 가장 많은 음향 기기는?
1) 앰프　　　　　2) 믹서　　　　　3) 스피커　　　　　4) 마이크

44. 어느 기기의 정격 레벨이 0.7V이고, 2.5V 이상의 전압에서 클리핑이 발생하면, 이 기기의 헤드룸은?
1) 6dB　　　　　2) 8dB　　　　　3) 11dB　　　　　4) 15dB
☞ 정력 입력 레벨은 0.7V이고, 클리핑이 생기는 레벨은 최대 레벨이므로 2.5V와의 비로 계산한다.
　20log(2.5/0.7) = 11dB

45. 어느 채널의 신호가 다른 채널로 신호가 누설되는 것은?
1) 크로스토크　　　2) 험 잡음　　　　3) 임피던스　　　　4) THD

Part 2
음향 기기

6. 마이크

1. 팬텀 전원(phantom power)이 필요한 마이크는?
1) 콘덴서 마이크   2) 다이내믹 마이크   3) 일렉트릿 마이크   4) 리본 마이크

2. 야외에서 사용하는데 가장 적절하지 않은 마이크는?
1) 콘덴서 마이크   2) 다이내믹 마이크   3) 리본 마이크   4) 일렉트릿 마이크

3. 콘덴서 마이크의 특징이 아닌 것은?
1) 핸들링 노이즈에 강하다.   2) 주파수 특성이 평탄하다.
3) Phantom Power가 필요하다.   4) 정밀 음향 측정용으로도 쓰인다.

4. 구조가 가장 약한 마이크는?
1) 다이내믹 마이크   2) 콘덴서 마이크   3) 리본 마이크   4) 일렉트릿 마이크

5. 주파수 특성이 가장 평탄한 마이크는?
1) 다이내믹 마이크   2) 콘덴서 마이크   3) 리본 마이크   4) 카본 마이크

6. 다이내믹 마이크의 특징이 아닌 것은?
1) 감도가 좋다.   2) 견고하다.   3) 전원이 필요없다.   4) 다양한 용도로 사용

7. 마이크의 최대 음압 레벨이 가장 높은 것을 사용해야 하는 악기는?
1) 바이올린   2) 킥 드럼   3) 색소폰   4) 피아노

8. 무지향성 마이크를 사용하는 경우가 아닌 것은?
1) 공간의 분위기를 픽업한다.   2) 하울링을 제어한다.
3) 근접 효과를 방지한다.   4) 실내 반사음을 픽업한다.

9. 강당에서 강연회를 확성할 경우에 어떠한 마이크를 사용하는 것이 적절한가?
1) 단일 지향 마이크   2) 무지향 마이크   3) 양지향 마이크   4) 건 마이크

1) 1   2) 3   3) 1   4) 3   5) 2   6) 1   7) 2   8) 2   9) 1

10. 원거리의 음원을 픽업하는데 적절한 마이크는?
1) 무지향성 마이크
2) 단일 지향성 마이크
3) 파라볼라 마이크
4) 양지향성 마이크

11. 지향성 마이크를 사용하는 이유가 아닌 것은?
1) 공간의 음향 분위기를 픽업한다.
2) 원하는 음만 픽업한다.
3) 하울링을 방지한다.
4) 거리 계수가 크다.

12. 하울링 제어에 가장 효과적인 지향성은?
1) Non-directional
2) Bi-directional
3) Cardioid
4) Omni-directional

13. 마이크의 null angle이 180도인 지향성은?
1) cardioid
2) omni
3) hyper cardioid
4) bi-directional

14. 단일 지향성 마이크의 지향 특성은?
1) 1
2) $0.25+0.75\cos\theta$
3) $(1+\cos\theta)/2$
4) $\cos\theta$

15. 마이크의 null angle이 90도인 마이크는?
1) cardioid mic
2) omni mic
3) hyper cardioid mic
4) bi-directional mic

16. 단일 지향성 마이크의 지향 특성은?
1) 1
2) $0.5+0.5\cos\theta$
3) $0.25+0.75\cos\theta$
4) $\cos\theta$

17. 초지향성 마이크의 지향 특성은?
1) 1
2) $0.5+0.5\cos\theta$
3) $0.25+0.75\cos\theta$
4) $\cos\theta$

18. 무지향성 마이크의 지향 특성은?
1) 1
2) $0.5+0.5\cos\theta$
3) $0.25+0.75\cos\theta$
4) $\cos\theta$

19. 양지향성 마이크의 지향 특성은?
1) $0.5+0.5\cos\theta$
2) 1
3) $0.25+0.75\cos\theta$
4) $\cos\theta$

20. 거리 계수가 가장 큰 지향성 패턴은?
1) Omni-directional   2) bi-directional   3) Cardioid   4) Hyper Cardioid

21. 거리 계수가 가장 작은 지향성 패턴은?
1) Omni-directional   2) Super Cardioid   3) Cardioid   4) Hyper Cardioid

22. 원거리의 음원을 픽업하는데 적절한 마이크는?
1) 무지향 마이크   2) 단일 지향 마이크   3) 초지향 마이크   4) 양지향 마이크

23. 마이크 감도 측정의 기준이 되는 음압 레벨은?
1) 80dB   2) 84dB   3) 94dB   4) 100dB

24. 정면 감도가 -20dB인 마이크에 1,000Hz의 음을 1Pa의 압력으로 인가하면, 마이크의 출력 전압은?
1) 0.01V   2) 0.1V   3) 1V   4) 7.75V

☞ $20\log(x/1) = -20 \rightarrow x = 10^{-1} = 0.1V$

25. 마이크 감도가 큰 순서부터 맞게 나열한 것은?
1) 콘덴서 - 리본 - 다이내믹
2) 리본 - 다이내믹 - 콘덴서
3) 다이내믹 - 리본 - 콘덴서
4) 콘덴서 - 다이내믹 - 리본

26. 마이크 사양에서 팬텀 전원을 사용한 경우에 다이내믹 레인지는?
1) 94dB   2) 111dB   3) 127dB   4) 131dB

```
Microphone type; electret condenser
Polar pattern: Cardioid
Frequecny response: 40~15,000Hz
Open circuit voltage: -48dBV/Pa(4.0mV)
Output clipping level
   2000Ω load    -13dBV(0.22V)(phantom)
                 -17dBV(0.14V)(battery)
Maximum SPL: 131dB(phantom)
             127dB(battery)
Self-noise: 20dBSPL A-weighted
```

☞ 다이내믹 레인지는 최대 레벨에서 잡음 레벨을 빼면 131dB-20dB=111dB이다.

27. 마이크의 개방 출력 전압 레벨이 -80dB이면 출력 전압은?
1) 0.1mV 2) 0.5mV 3) 1mV 4) 2mV
☞ $20\log(x/1) = -80 \rightarrow x = 10^{-4} = 0.1mV$

28. 감도가 -40dB인 마이크의 출력 전압은?
1) 0.01mV 2) 0.1mV 3) 0.2mV 4) 10mV
☞ $20\log(x/1) = -40 \rightarrow x = 10^{-2} V = 10mV$

29. 감도가 -60dB인 마이크의 출력 전압은?
1) 0.1mV 2) 0.2mV 3) 0.5mV 4) 1mV
☞ $20\log(x/1) = -60 \rightarrow x = 10^{-3} V = 1mV$

30. 감도가 -80dB인 마이크의 출력 전압은?
1) 0.01mV 2) 0.1mV 3) 0.2mV 4) 2mV
☞ $20\log(x/1) = -80 \rightarrow x = 10^{-4} V = 0.1mV$

31. 정면 감도가 -40dB인 마이크에 1000Hz의 음을 1Pa의 압력으로 인가하면, 마이크의 출력 전압은?
1) 0.01V 2) 0.775V 3) 1V 4) 7.75V
☞ $20\log(x/1) = -40 \rightarrow x = 10^{-2} = 0.01V$

32. 정면 감도가 -30dB인 마이크에 1000Hz, [ ]Pa의 음압을 가하면, [ ]V의 출력이 얻어진다. [ ] 안에 들어가는 숫자는?
1) 1 / 0.1 2) 10 / 0.775 3) 1 / 0.03 4) 10 / 0.01
☞ $20\log(x/1) = -30 \rightarrow x = 10^{-1.5} = 0.03$

33. 공간의 음향 분위기를 픽업하는데 적절한 마이크는?
1) 무지향성 마이크 2) 단일 지향성 마이크 3) 파라볼라 마이크 4) 양지향성 마이크

34. 스테레오 마이킹 효과와 관계가 가장 먼 것은?
1) 확산감 2) 정위감 3) 무왜곡 4) 거리감

35. 스테레오 마이킹 중에서 레벨 차 방식이 아닌 것은?
1) 분기 방식		2) X-Y 방식		3) M-S 방식		4) A-B 방식

36. 원거리에 있는 음원을 픽업하는데 적절하지 않은 마이크는?
1) 초지향 마이크	2) 건 마이크		3) 파라볼라 마이크	4) 단일 지향 마이크

37. 시간 차 방식의 스테레오 마이킹 방식은?
1) 분기 방식		2) X-Y 방식		3) M-S 방식		4) A-B 방식

38. 2채널로 360도 모든 방향의 음상을 재생할 수 있는 방법은?
1) 더미헤드 방식	2) X-Y 방식		3) M-S 방식		4) A-B 방식

39. 단일 지향성 마이크와 양지향성 마이크를 90도 각도로 배치하여 픽업하는 방식은?
1) M-S 방식		2) X-Y 방식		3) ORTF 방식		4) NOS 방식

40. 현장감이 가장 좋은 픽업 방식은?
1) X-Y 방식		2) M-S 방식		3) A-B 방식		4) 더미헤드 방식

41. 2개의 무지향성 마이크와 제클린 디스크를 사용하여 녹음하는 방식은?
1) dummy head 방식	2) OSS 방식		3) M-S 방식		4) A-B 방식

42. 마이킹할 때 생길 수 있는 문제가 아닌 것은?
1) S/N 비		2) 콤필터 왜곡		3) 고조파 왜곡		4) 댐핑

43. 그림과 같이 무지향성 마이크를 배치한 스테레오 마이킹 방식은?
1) A-B miking		2) NOS miking		3) M-S miking		4) X-Y miking

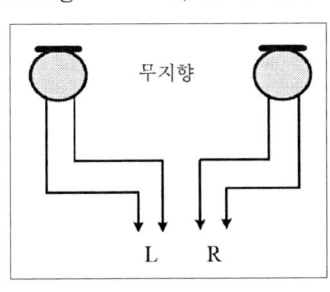

44. 2개의 단일 지향성 마이크를 그림과 같이 배치한 마이킹 방식은?
1) A-B miking   2) NOS miking   3) X-Y miking   4) M-S miking

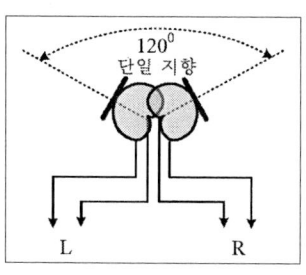

45. 설명 중에서 가장 부적절한 것은?
1) single reed 악기의 마이킹은 지공에 한다.
2) air reed 악기는 관단에 마이킹한다.
3) lip reed 악기는 관단에 마이킹한다.
4) acoustics guitar의 마이킹은 sound hole에 한다.

46. 음원을 녹음할 때 직접음과 반사음의 간섭을 최소화하기 위하여 사용하는 방법은?
1) 콘덴서 마이크   2) 건 마이크   3) 바운더리 마이크   4) 더미헤드 마이크

47. 음원을 녹음할 때 직접음과 반사음의 간섭을 최소화하기 위하여 사용하는 마이크는?
1) 마이크를 바닥에 설치   2) 무지향성 마이크 사용
3) 스테레오 마이크 사용   4) 더미헤드 마이크 사용

48. 멀티 마이킹에서 마이크 간의 간섭을 최소화하는 마이킹 기법이 아닌 것은?
1) 3-to-1 rule miking   2) on-miking   3) 초지향성 마이킹   4) 무지향성 마이킹

49. 콤필터 왜곡을 줄이는 마이킹 기법은?
1) X-Y 마이킹   2) 바운더리 마이킹   3) A-B 마이킹   4) M-S 마이킹

50. 3 to 1 rule miking은 무엇을 줄이기 위한 것인가?
1) comb filter distortion   2) Total Harmonic Distortion
3) transient distortion   4) popping noise

51. 지향성 마이크를 음원 가까이에 배치하면 저음이 상승되는 효과는?
1) 근접 효과   2) 회절 효과   3) 왜곡 효과   4) 반사 효과

52. 지향성 마이크를 음원에 가까이 대고 사용하면 저음의 출력이 증가되는 현상은?
1) 근접 효과   2) 도플러 효과   3) 회절   4) 칵테일 파티 효과

53. 벨이 있는 관악기의 마이크 픽업 위치는 어디가 가장 적절한가?
1) 관단   2) 지공   3) 입술 부근   4) 뒤 부분

54. 무지향성 마이크에는 없는 특성이 지향성 마이크에서 생기는 현상은?
1) 근접 효과   2) 회절 효과   3) 반사 효과   4) 왜곡 효과

55. 마이크 특성이 다음 주파수 특성과 같을 때 어느 용도로 사용하는가?
1) 특성이 나쁘므로 음질이 좋지 않다.
2) 5kHz 부근을 부스트하여 명료도를 올린다.
3) 음원과 먼 곳에 놓고 사용한다.
4) 음압 레벨이 높은 악기에 사용한다.

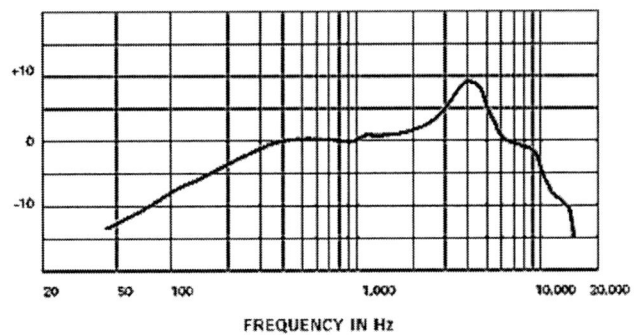

56. 마이크에 부착되어 있는 고역 통과 필터는 무엇을 제거하기 위한 것인가?
1) 근접 효과   2) 회절 효과   3) 바람 잡음   4) popping noise

57. 다음 주파수 특성의 마이크는 어떠한 경우에 사용하면 좋을 것으로 예측되는가?
1) 과도음이 많은 악기음에 사용한다.   2) 근접 마이킹에 사용한다.
3) 음압 레벨이 높은 음원에 사용한다.   4) 잡음이 많은 환경에서 사용한다.

51) 1   52) 1   53) 1   54) 1   55) 2   56) 1   57) 2

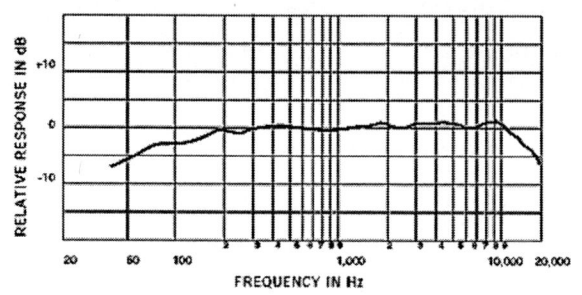

58. 설명 중에서 맞는 것은?
1) X-Y 방식은 전용 매트릭스 회로가 필요하다.
2) 마이크의 근접 효과는 마이크를 입에 가까이 대고 사용할 때 저음이 강조되는 효과이다.
3) 건 마이크는 파라볼라 면의 정면에서 도달되는 음파를 초점에 모아서 예리한 지향성을 얻기 위한 마이크이다.
4) 건 마이크로 저음역까지 예리한 지향성을 갖도록 하기 위해서는 파이프의 길이를 가능한 한 짧게 해야 한다.

59. 어택이 빠른 악기음을 픽업하는데 적절한 마이크는?
1) 리본 마이크   2) 다이내믹 마이크   3) 콘덴서 마이크   4) 카본 마이크

60. 마이크의 헤드가 크면 고역의 주파수 특성이 상승되는 효과는?
1) 회절 효과   2) 근접 효과   3) 비트 효과   4) 굴절 효과

61. 두 개의 단일 지향성 마이크 끝을 맞추어서 교차시켜 스테레오 픽업 방식은?
1) A-B 방식   2) X-Y 방식   3) M-S 방식   4) ORTF 방식

62. 마이크 배치 방식에서 one-point 방식이란 무엇을 의미하는가?
1) 어느 한 지점에 마이크를 설치하여 전체 음원을 픽업하는 방식
2) 여러 개의 지점에 각각 한 개의 마이크를 설치하여 픽업하는 방법
3) 어느 한 지점을 기본으로 여러 개의 보조 마이크를 설치하는 방법
4) 각 악기마다 1개의 마이크를 설치하여 픽업하는 방식

63. 여러 음원 중에서 특정한 음만 픽업하는데 적절한 마이크는?
1) 무지향성 마이크   2) 단일 지향성 마이크   3) 초지향성 마이크   4) 양지향성 마이크

64. 마이크 사양에서 예측할 수 없는 것은?
1) 음질이 좋다.
2) 다이내믹 레인지는 청각보다 넓다.
3) 신호 대 잡음 비가 낮다.
4) 최대 음압 레벨이 높다.

```
Open circuit voltage: -59dBV/Pa(1.1mV)
Maximum SPL: 160dB
Dynamic range: 125dB
Output noise: 35dBSPL A-weighted
Signal-to-Nosie Ratio:59dB re 94dBSPL
Output impedance: 150Ω
```

65. 리코딩이나 라이브 콘서트에서 단일 지향성 마이크를 사용할 때 장점은?

① 음향 피드백 감소   ② 주변 소음 감소   ③ 저음 감도 증가   ④ 픽업 거리 증가

1) ①, ③   2) ②, ③   3) ②, ③, ④   4) ①, ②, ④

66. 마이킹에 대한 설명 중에서 부적절한 것은?
1) 마이킹하기 전에 음향적으로 좋은 소리가 나는 위치를 찾는다.
2) 악기 음의 기본 주파수 이하는 필터로 차단하는 것이 좋다.
3) 가능한 한 마이크를 적게 사용하여 녹음하는 것이 좋다.
4) 콘덴서 마이크 특성이 좋으므로 콘덴서 마이크를 사용한다.

67. 보컬용 마이크의 특징이 아닌 것은?
1) 핸들링 잡음에 강하다.
2) 주파수 특성이 평탄하다.
3) 100Hz 이하는 roll off된다.
4) 바람 잡음에 강하다.

68. 설명 중에서 틀린 것은?
1) 무지향성 마이크는 근접 효과가 없다.
2) 콘덴서 마이크는 다이내믹 마이크보다 성능이 더 좋다.
3) 콘덴서 마이크는 다이내믹 마이크보다 과도 특성이 더 좋다.
4) 콘덴서 마이크는 분극 전압이 필요하다.

63) 3   64) 1   65) 4   66) 4   67) 2   68) 2

69. 설명 중에서 부적절한 것은?
1) 음량과 관계없이 귀의 주파수 특성은 일정하다.
2) 주파수 특성이 평탄하면 음질이 좋다.
3) 공간 반사음은 콤필터 왜곡의 원인이 된다.
4) 마이크의 특성은 귀의 주파수 특성과 다르다.

70. 설명 중에서 틀린 것은?
1) 콤필터 왜곡은 마이크에 과대 신호가 입력된 경우에 생긴다.
2) 고조파 왜곡은 마이크 허용 입력보다 큰 신호가 입력된 경우에 생긴다.
3) 무지향성 마이크는 ambience를 픽업할 때 사용한다.
4) 음향 시스템에서 무지향성 마이크를 사용하면 하울링이 발생되기 쉽다.

71. M-S 스테레오 마이크 픽업 방식을 정확하게 설명한 것은?
1) 양지향성 마이크와 단일 지향성의 합차 신호를 이용한다.
2) 무지향성 마이크 2개 사이에 제크린 디스크를 삽입한 방식이다.
3) 2개의 무지향성 마이크를 20cm 떨어뜨려 픽업하는 방식이다.
4) 2개의 단일 지향성 마이크를 크로스시켜 픽업하는 방식이다.

72. 바람이 부는 야외에서 마이킹할 때 꼭 준비해야 하는 액세서리는?
1) 윈드 스크린   2) 스탠드   3) 진동 방지 장치   4) 팬텀 전원

73. pop filter와 관계가 없는 것은?
1) 마이크를 입술 정면에 두고 픽업할 때 사용한다.
2) 파열음을 방지하고자 할 때 사용한다.
3) 저역을 차단하고자 할 때 사용한다.
4) 마이크를 근접하여 사용할 때 사용한다.

74. 지향성 패턴이 $0.5+0.5\cos\theta$인 마이크는?
1) 무지향성 마이크   2) 단일 지향성 마이크
3) 파라볼라 마이크   4) 양지향성 마이크

75. 다음 설명 중에서 맞는 것은?
1) X-Y 스테레오 방식은 전용 매트릭스가 필요하고, 단일 지향성 마이크를 사용한다.
2) 근접 효과는 마이크를 입에 가까이 대고 사용할 때 저음이 강조되는 효과이다.
3) 건 마이크는 음파를 파라볼라 초점에 모아서 예리한 지향성을 얻기 위한 것이다.
4) 악기 음들을 녹음할 때 가능한 한 마이크를 많이 사용하면 좋다.

76. 악기 음 픽업시 마이크의 배치에 대한 설명 중에서 부적절한 것은?
1) 호른의 픽업은 연주자의 정면에서 픽업한다.
2) 실내의 잔향음을 픽업하는데는 무지향성 마이크가 적절하다.
3) 트럼펫의 픽업은 혼 앞에 마이크를 배치한다.
4) 기타의 픽업은 사운드 홀 앞에 마이크를 배치한다.

7. 스피커 시스템

1. 스피커 음질과 관계가 없는 데이터는?
1) 위상　　　　　2) 주파수 특성　　　　　3) 지향성　　　　　4) 왜곡

2. 복합형 스피커의 크로스오버 주파수로서 피해야 하는 주파수는?
1) 100Hz　　　　　2) 1000Hz　　　　　3) 2000Hz　　　　　4) 8000Hz

3. 스피커 네트워크의 필터 사이의 경계 주파수는?
1) 공명 주파수　　　　　2) 크로스오버 주파수　　　　　3) 중심 주파수　　　　　4) 임계 주파수

4. 멀티 앰프 스피커 시스템의 특징이 아닌 것은?
1) 시간 정렬을 조정할 수 있다.
2) 네트워크보다 전력 손실이 많아진다.
3) 가격이 비싸진다.
4) 크로스오버 주파수를 임의로 설정할 수 있다.

5. 스피커 음질과 관계없는 것은?
1) 주파수 특성　　　　　2) 지향 특성　　　　　3) 위상　　　　　4) 고조파 왜곡

6. 스피커 임피던스 특성에서 공칭 임피던스 값은?
1) 약 5Ω　　　　　2) 약 7Ω　　　　　3) 약 10Ω　　　　　4) 약 35Ω

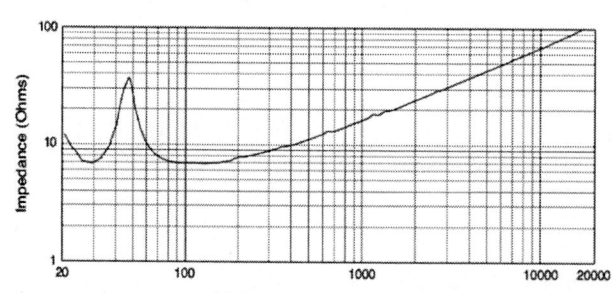

1) 3　　2) 3　　3) 2　　4) 2　　5) 2　　6) 2

7. 모니터 스피커의 음질과 관계가 없는 것은?
1) 위상 특성　　　2) 주파수 특성　　　3) 감도　　　4) 과도 특성

8. 스피커의 공칭 임피던스란?
1) 임피던스가 처음으로 최대가 되는 값
2) 임피던스가 최대가 된 후에 최소가 되는 값
3) 1kHz에서의 임피던스 값
4) 임피던스의 평균 값

9. 컬럼 스피커에 대한 설명 중에서 맞는 것은?
1) 왜곡을 최소화하여 명료도를 향상시킨다.
2) 수직 지향각을 좁게 하여 실내 반사음을 억제한다.
3) 재생 주파수 대역을 넓게 하여 명료도를 향상시킨다.
4) S/N 비를 높여 명료도를 향상시킨다.

10. 8Ω 스피커에 1W의 파워를 입력하려면 전압은 얼마를 인가해야 하는가?
1) 1.64V　　　2) 2.50V　　　3) 2.83V　　　4) 4.12V

☞ $V = \sqrt{P \cdot Z} = \sqrt{1 \cdot 8} = 2.83V$

11. 스피커 2대를 병렬로 연결하면 생길 수 있는 현상이 아닌 것은?
1) 임피던스가 절반이 된다.　　　2) 파워가 배가 된다.
3) 댐핑 팩터가 커진다.　　　4) 간섭이 생길 수 있다.

12. 스피커 음질을 예측할 수 있는 것이 아닌 것은?
1) power　　　2) frequency response　　　3) time coherence　　　4) waterfall response

13. 스피커 시스템을 어레이하여 단일 지향성으로 만들 수 있는 배치 방식은?
1) Bessel array　　　2) Forward steered array　　　3) Butterworth array　　　4) Line array

14. 스피커에 낮은 음과 높은 음이 동시에 입력되었을 때 생기는 현상은?
1) 고조파 왜곡　　　2) 주파수 변조 왜곡　　　3) 위상 왜곡　　　4) 분할 진동 왜곡

15. 스피커 시스템의 인클로저 역할이 아닌 것은?
1) 스피커의 보호   2) 위상 간섭 방지   3) 저음 증가   4) 지향각 조정

16. 스피커에 불필요한 진동이 생기지 않은 정도를 평가하는 것은?
1) 댐핑   2) 위상 특성   3) 주파수 특성   4) 왜곡 특성

17. 스피커 시스템의 파손 원인이 아닌 것은?
1) 피크 신호의 장시간 입력   2) 왜곡 성분 입력
3) 정격 신호의 장시간 입력   4) over excursion

18. 멀티 앰프 방식의 특징이 아닌 것은?
1) 음질이 좋다.
2) 가격이 저렴하다.
3) 앰프가 많이 필요하다.
4) 고음과 저음 스피커를 공칭 특성대로 동작시킬 수 있다.

19. 스피커의 지향각은 정면 축 감도보다 몇 dB 떨어진 각도를 말하는가?
1) −1dB   2) −3dB   3) −6dB   4) −10dB

20. 컬럼 스피커는 무엇을 제어하기 위한 것인가?
1) 수직 지향성   2) 수평 지향성   3) 주파수 특성   4) 왜곡 특성

21. 스피커 시스템 설명 중에서 부적절한 것은?
1) 3way 스피커는 2way 스피커보다 음질이 더 좋다.
2) 스피커를 스태킹하면 수직 지향각이 좁아진다.
3) 크로스오버 주파수는 4kHz를 피하는 것이 좋다.
4) active network 스피커는 passive network 스피커 보다 음질이 좋다.

22. 스피커를 두 면이 접한 코너에 설치하면, 자유 공간에서보다 몇 dB 상승되는가?
1) 1dB   2) 3dB   3) 6dB   4) 9dB

23. 정지향성 스피커는 무슨 특성을 개선하기 위한 것인가?
1) 주파수 특성   2) 진폭 특성   3) 위상 특성   4) 지향 특성

24. 정지향성 혼의 특징은?
1) 스피커 중심축에서 벗어나면 고음이 점점 감쇠된다.
2) 어느 주파수 이상에서는 커버리지가 일정하다.
3) 커버 영역 내에서는 고음역이 서서히 상승하는 특성이다.
4) 커버 영역 내에서는 고음역이 감쇠되는 특성이지만, 중심축으로부터 벗어나도 비교적 균일하다.

25. 설명 중에서 틀린 것은?
1) 어느 일정한 음압 레벨을 얻기 위해서는 감도가 큰 스피커를 사용하면 앰프의 용량이 작아도 된다.
2) 스피커의 임피던스는 최저 공진 주파수를 넘는 최초의 극소값으로 정의된다.
3) 스피커 임피던스 특성은 어느 주파수에서 일정하다.
4) 스피커의 감도는 1W를 가했을 때, 1m 떨어진 지점에서의 음압 레벨을 말한다.

26. 스피커 컨트롤러의 사용 방법 중에서 적절하지 않은 것은?
1) 크로스오버 주파수는 임의로 설정한다.
2) 필터는 청감으로 들으면서 적절한 것을 선택한다.
3) 유닛 간의 time align은 중요하다.
4) 유닛 간의 위상이 맞도록 조정한다.

27. 스피커의 음질을 예측할 수 있는 것은?
1) 파워   2) 주파수 특성   3) 감도   4) 지향 특성

28. 설명 중에서 틀린 것은?
1) 스피커 유닛을 인클로저에 넣어서 사용하면 저음이 잘 재생된다.
2) 컬럼 스피커는 수직 지향각을 제어하기 위한 스피커이다.
3) 스피커 크로스오버 주파수는 2kHz를 피하여 설정하는 것이 좋다.
4) 3웨이 스피커 시스템은 2웨이 스피커 시스템보다 음질이 좋다.

23) 4   24) 2   25) 3   26) 1   27) 2   28) 4

29. 스피커를 여러 대 stacking하는 주요 목적은?
1) 수직 지향각 제어 2) 수평 지향각 제어 3) 위상 제어 4) 감도 제어

30. 스피커를 스태킹 스프레이하는 목적이 아닌 것은?
1) 지향성 제어 2) 파워 증가 3) 임피던스 제어 4) 커버리지 증가

31. 스피커의 주파수 특성에서 예측할 수 있는 것이 아닌 것은?
1) 비교적 평탄한 특성이다.   2) 실내 반사음이 많은 곳에서 측정한 것이다.
3) 음질이 나쁘다.   4) 콤필터 왜곡이 많다.

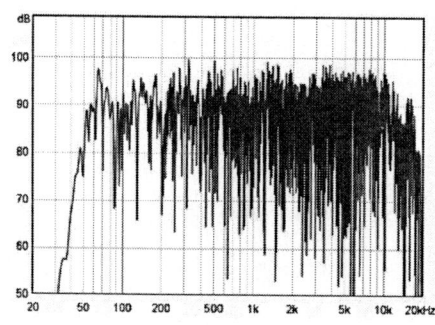

32. 스피커를 다음과 같이 연결한 경우의 합성 임피던스는?
1) 4Ω 2) 8Ω 3) 16Ω 4) 32Ω

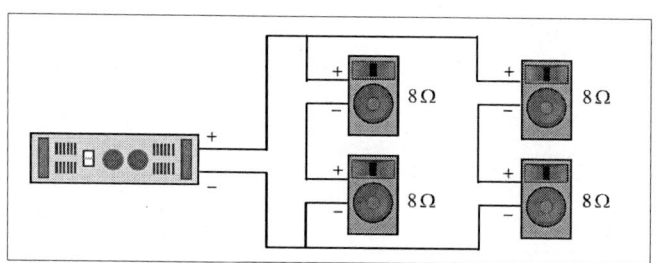

33. 임피던스 8Ω에서 출력이 200W인 앰프에 16Ω 스피커를 연결하면 출력이 몇 W가 되는가?
1) 50W 2) 100W 3) 200W 4) 400W

34. 혼 스피커의 -6dB 커버리지 각도가 수평 40도와 수직 20도이면, Q와 DI[dB]는 얼마인가?
1) 53/17 2) 42/16 3) 64/18 4) 37/16

☞ $Q = \dfrac{180°}{arcsin(sin20 \cdot sin10)} = 52.9$

$DI = 20\log 52.9 = 17.2dB$

35. 지향 지수(DI)가 3.5dB일 때, 지향 계수(Q)는?
1) 1.5   2) 1.9   3) 2.1   4) 2.24

☞ $Q = 10^{DI/10} = 10^{3.5/10} = 2.24$

36. 감도가 100dB인 스피커 4대를 사용해서 10m 떨어진 지점에서 95dB를 얻기 위해서는 각 스피커를 몇 W의 앰프로 구동해야 하는가?
1) 1W   2) 2W   3) 10W   4) 20W

☞ SPL = S+10logP−20logr+20log4 → 95 = 100+10logW−20log10+20log4
→ 10logW = 95−100+20−12=3 → W = $10^{3/10}$=2W

37. 스피커에 10W를 입력했을 때, 10m 지점에서 음압 레벨이 100dB이면 감도는 얼마인가?
1) 100dB   2) 110dB   3) 120dB   4) 130dB

☞ 100=S+10log10−20log10 → S=100−10+20=110dB

38. 임피던스가 8Ω인 스피커 시스템 4대를 병렬로 연결하면 몇 Ω이 되는가?
1) 2Ω   2) 4Ω   3) 8Ω   4) 16Ω

39. 스피커 감도가 90dB인 스피커와 1W 앰프를 사용하여 10m 떨어진 지점에서 88dB를 얻기 위해서는 몇 대의 스피커가 필요한가?
1) 8대   2) 16대   3) 32대   4) 64대

☞ 88 = 90−20log10+20logx, → 20logx = 88−90+20=18, → x = $10^{18/20}$= 8대

40. 스피커에 50W를 입력했을 때, 10m 지점에서 음압 레벨이 100dB이면 감도는?
1) 100dB   2) 103dB   3) 105dB   4) 107dB

☞ 100 = S+10log50−20log10, → S= 100−17+20 = 103dB

41. 스피커 감도가 100dB인 것에 10W를 가하면, 20m 지점에서의 음압 레벨은?
1) 74dB　　　　2) 84dB　　　　3) 88dB　　　　4) 90dB
☞ x = 100 + 10log10 - 20log20 = 100+10-26 = 84dB

42. 감도가 94dB인 스피커에 10W를 입력하면, 스피커에서 10m 지점에서의 음압 레벨은?
1) 80dB　　　　2) 84dB　　　　3) 104dB　　　　4) 114dB
☞ SPL = 94 +10log10 - 20log10 = 94 + 10 - 20 = 84dB

43. 공연장 무대에서 1W의 출력으로 구동하는 스피커로부터 1m 떨어진 곳에서 음압 레벨을 측정하였더니 67dB이었다. 이 스피커를 400W 출력으로 구동시키면 같은 위치에서 107dB의 음압 레벨을 내기 위해 몇 대의 스피커가 필요한가?
1) 5대　　　　2) 6대　　　　3) 7대　　　　4) 8대
☞ 107 = 67+10log400+20logx → 107 = 67+26+20logx, → 20logx = 107-93 = 14 → x=$10^{14/20}$= 5대

44. 감도가 100dB(1W/1m)인 스피커에 100W를 입력하면 몇 dB가 되는가?
1) 101dB　　　　2) 103dB　　　　3) 120dB　　　　4) 200dB
☞ SPL = 100 + 10log100W = 120dB

45. 스피커 감도가 90dB이고 피크 파워가 180W이면, 최대 음압 레벨은?
1) 100dB　　　　2) 112dB　　　　3) 120dB　　　　4) 130dB
☞ SPL_{max} = 90+10log180=112dB

46. 1W의 출력으로 구동하는 스피커로부터 1m 떨어진 곳에서 음압 레벨을 측정하였더니 67dB이었다. 같은 위치에서 100dB를 내기 위해 몇 W의 출력이 필요한가?
1) 250W　　　　2) 500W　　　　3) 1,000W　　　　4) 1,995W
☞ 100 = 67 + 10logW → 10logW = 33 → W = $10^{3.3}$ = 1,995W

47. 감도가 100dB인 스피커로 2m 떨어진 지점에서 100dB의 음압 레벨을 얻기 위해서는 스피커에 몇 W를 입력하여야 하는가?
1) 2W　　　　2) 3W　　　　3) 4W　　　　4) 5W
☞ 100 = 100 - 20log2 + 10logW → 10logW = 6 → W=$10^{0.6}$ = 4W

41) 2　42) 2　43) 1　44) 3　45) 2　46) 4　47) 3

48. Sensitivity가 90dB인 스피커로 102dB의 음압 레벨을 얻기 위해서는 몇 대의 스피커가 필요한가?
1) 2대   2) 3대   3) 4대   4) 5대

☞ $102dB = 90 + 20\log x$ → $20\log x = 102-90 = 12$ → $x = 10^{12/20} = 4$대

49. 1W의 출력으로 구동되는 스피커로부터 1m 떨어진 곳에서 음압 레벨을 측정하였더니 87dB이었다. 같은 위치에서 93dB의 음압 레벨을 내기 위해 몇 W의 파워가 필요한가?
1) 2W   2) 3W   3) 4W   4) 5W

☞ $10\log W = 6dB$ → $W = 10^{0.6} = 4W$

50. 동축 스피커는 무슨 특성을 개선하기 위한 것인가?
1) 지향 특성   2) 고조파 왜곡 특성   3) 파워   4) 위상 특성

51. 설명 중에서 가장 부적절한 것은?
1) 중음 이상의 대역은 인클로저의 영향이 적다.
2) 저음 반사형 인클로저는 24dB/oct로 roll-off된다.
3) 밀폐형 인클로저는 12dB/oct로 roll-off된다.
4) 스피커의 공진 주파수 이하의 음은 재생할 수 없다.

52. 멀티웨이 스피커 시스템의 특성을 1m 지점에서 측정할 때 생길 수 있는 것은?
1) 유닛 간의 거리 차에 의한 콤필터 왜곡   2) 고조파 왜곡 발생
3) 감도 차 발생   4) 주파수 변조 왜곡 발생

53. 서브 우퍼의 튜닝 방법으로 적절하지 않은 것은?
1) 고역 통과 필터는 사용하지 않아도 된다.
2) 저역 통과 필터 종류를 적절하게 선택한다.
3) 레벨은 중고음보다 10dB 정도 높아야 한다.
4) 중고음 스피커와 시간 정렬을 시킨다.

54. 액티브 스피커의 장점과 거리가 가장 먼 것은?
1) 설치가 간단하다.   2) 댐핑 팩터가 커진다.   3) 컴팩트하다.   4) 가격이 싸다.

48) 3   49) 3   50) 4   51) 4   52) 1   53) 1   54) 4

55. Free edge를 사용하는 스피커 유닛은?
1) 우퍼
2) 스쿼커
3) 트위터
4) 돔

56. 우퍼 유닛의 조건으로 적합하지 않는 것은?
1) 구경이 커야 한다.
2) 허용 입력이 커야 한다.
3) fixed edge를 사용한다.
4) 직접 방사형이다.

57. 수동 네트워크 필터의 특징이 아닌 것은?
1) 값이 싸다.
2) 전력 소모가 많다.
3) 유닛 간 타임 얼라인을 조정할 수 있다.
4) 구성이 간단하다.

58. 정격 입력이 100W인 스피커에 신호의 피크 팩터를 고려하면, 어느 정도 용량의 앰프를 연결하는 것이 가장 적절한가?
1) 10W
2) 50W
3) 100W
4) 200W

59. 무향실 1m 전방에서 측정한 음압 레벨이 90dB인 저음 스피커 시스템을 그림과 같이 설치하였을 때, 음압 레벨은?
1) 90dB
2) 93dB
3) 96dB
4) 99dB

60. 2웨이 스피커에서 고음 유닛이 1ms 지연되면 생길 수 있는 상황이 아닌 것은?
1) 콤필터 왜곡이 생겨서 주파수 특성이 변한다.
2) 로빙 에러가 발생하여 지향 방향이 변한다.
3) 크로스오버 주파수가 이동한다.
4) 출력 음압 레벨은 변화가 거의 없다.

55) 1   56) 3   57) 3   58) 4   59) 3   60) 3

61. 3웨이 스피커에서 나타날 수 있는 문제는?
1) 임피던스 왜곡   2) 고조파 왜곡   3) 도플러 왜곡   4) 위상 왜곡

62. 2웨이 스피커 시스템의 주파수 특성에서 예측되는 사항이 아닌 것은?
1) 음악을 재생하는 경우에 서브우퍼가 필요하지 않다.
2) 음성이 명료하지 않다.
3) 크로스오버 주파수에서 역위상이다.
4) 고음 대역은 충분하다.

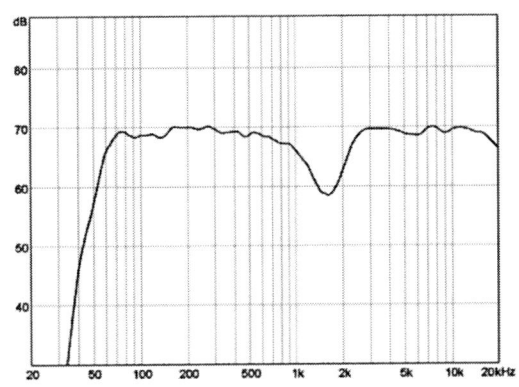

63. 위상 반전 인클로저는 무슨 목적으로 만든 것인가?
1) 저음 증가   2) 중음 증가   3) 고음 증가   4) 임피던스 가변

64. 스피커 시스템 튜닝 방법의 설명으로서 부적절한 것은?
1) 스피커 자체 특성은 EQ로 보정한다.
2) 크로스오버에서의 피크 딥은 EQ로 조정한다.
3) 크로스오버에 사용되는 필터의 종류에 따라서 음질이 달라진다.
4) 타임 얼라인은 음질과 관계가 있다.

65. 다음과 같은 스피커 시스템의 인클로저는?
1) sealed enclosure
2) bass reflex enclosure
3) drone cone enclosure
4) front loaded enclosure

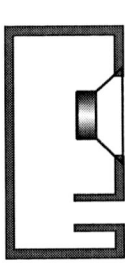

66. 시스템 구성에 의한 분류가 아닌 것은?
1) 단일 스피커   2) 동축 스피커   3) 복합 스피커   4) 혼 스피커

67. 설명 중에서 부적절한 것은?
1) 무지향 스피커의 Q는 ∞이다.
2) 스피커의 지향각이 좁을수록 Q는 커진다.
3) 저음 반사형 인클로저를 사용하면 스피커의 최저 공진 주파수 이하까지 재생이 가능하다.
4) 스피커의 주파수 특성으로 어느 정도 음질 예측이 가능하다.

68. 그림과 같이 스피커의 지향성이 위를 향한 것을 정면으로 향하게 하기 위한 방법이 아닌 것은?
1) 타임 얼라인을 조정한다.   2) 우퍼와 트위터의 음향 중심을 일치시킨다.
3) 우퍼를 시간 지연시킨다.   4) 네트워크의 위상을 조정한다.

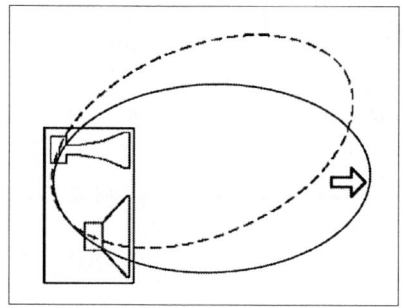

69. 스피커 시스템이 다음 그림과 같이 구성되어 있을 때 예상되는 문제점은?
1) harmonic distortion   2) phase distortion
3) amplitude distortion   4) Doppler distortion

70. 설명 중에서 가장 부적절한 것은?
1) 스피커의 임피던스 값은 주파수에 따라서 다르다.
2) 스피커의 주파수 특성은 가능한 한 청감 대역 내에서 평탄한 것이 좋다.
3) 스피커의 지향각은 정면축의 음압 레벨보다 6dB 낮아지는 각도를 말한다.
4) 스피커의 지향 계수 Q가 1인 스피커는 초지향성 스피커이다.

71. 스피커의 음질을 예측할 수 없는 파라미터는?
1) impedance
2) frequency response
3) step response
4) phase response

72. 크로스오버 주파수는 2kHz를 피하는 이유는?
1) 임피던스 변화
2) 명료도 기여율이 높음
3) 청각에 둔감한 대역
4) 감도가 낮아짐

73. 중고음 스피커와 서브우퍼가 떨어져 있는 시스템에서 생길 수 있는 문제점은?
1) 문제가 없다.
2) 주파수 특성이 좋다.
3) 청취 위치에 따라서 저음 특성이 다르다.
4) 해상도가 나쁘다.

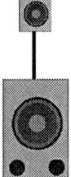

74. 스피커 시스템을 다음과 같이 구성할 때 생길 수 있는 문제는?
1) intermodulaton distortion
2) phase distortion
3) amplitude distortion
4) Doppler distortion

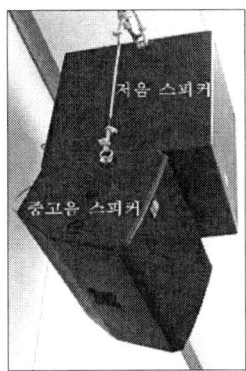

75. 크로스오버 주파수가 1.5kHz인 2웨이 스피커의 위상 특성이 그림과 같을 때 예측되는 것은?
1) 크로스오버 주파수에서 위상이 역위상이다.
2) 선형 주파수 특성이다.
3) 출력이 높다.
4) 진폭 왜곡은 없다.

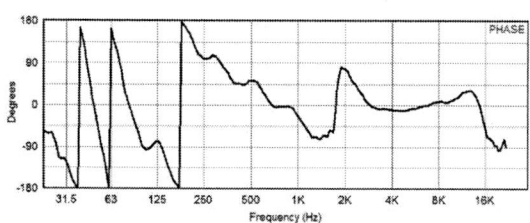

76. 스피커 시스템을 그림 a, b와 같이 구성하였을 때 차이점이 아닌 것은?
1) 파워가 똑같이 2배가 된다.
2) 간섭 현상이 다르게 생긴다.
3) 음압 레벨은 똑같이 3dB가 증가된다.
4) 방사각이 다르다.

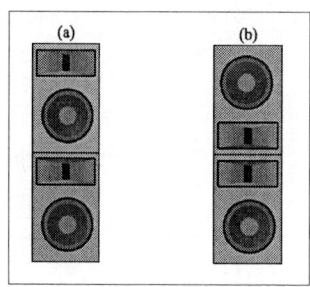

77. 크로스오버 주파수에서 정전압 특성을 갖는 필터는?
1) 2차 Bessel filter
2) 3차 Butterworth filter
3) 4차 Linkwitz filter
4) 4차 Chebychev filter

78. 스피커 2통을 스태킹한 결과가 그림과 같을 때 예상되는 것이 아닌 것은?
1) 2kHz 이상에서 간섭이 있다.
2) 스피커 어레이 방법이 좋지 않다.
3) 스피커에서 재생된 음이 선명하지 않다.
4) 2통을 스태킹하면 음압 레벨이 6dB 증가된다.

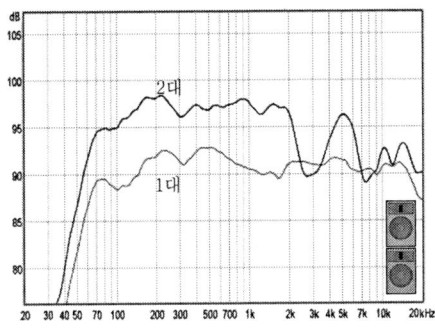

79. 스피커 1통과 2통의 주파수 특성의 해석 중 틀린 것은?
1) 스피커 간의 감쇠 간섭이 없다.
2) 2통인 경우에는 음압 레벨이 6dB 증가된다.
3) 위상 특성이 나쁘다.
4) 2통인 경우에 음질 열화가 없다.

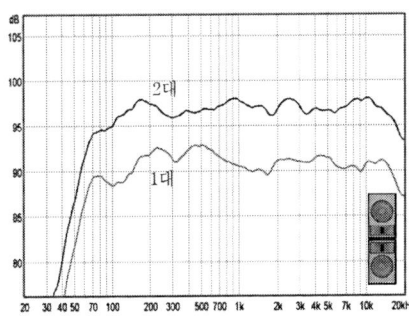

80. 스피커 3통을 스프레이한 경우에 예측되는 것으로서 부적절한 내용은?
1) 감쇠 간섭이 생길 수 있다.
2) 간섭이 없으면 음압 레벨이 9.5dB 증가된다.
3) 수평 지향각이 변한다.
4) 간섭이 발생되면 이퀄라이저로 보정할 수 있다.

81. 3웨이 스피커 시스템의 음질이 좋지 않은 이유 중에서 거리가 먼 것은?
1) 유닛 간에 시간 정렬이 되지 않다.
2) 위상 특성이 나쁘다.
3) 감도가 낮다.
4) 저주파수에서 실내 공진 모드의 영향이 있다.

82. 설명 중에서 틀린 것은?
1) 감도가 큰 스피커를 사용하면 앰프의 용량이 작아도 된다.
2) 스피커의 임피던스는 최저 공진 주파수를 넘는 최초의 극소 값으로 정의된다.
3) 스피커는 파워가 클수록 음압 레벨도 크고 음질도 좋아진다.
4) 스피커의 감도는 1W를 가했을 때, 1m 지점에서의 음압 레벨을 말한다.

83. 앰프와 스피커를 그림과 같이 연결하였을 때 어떠한 현상이 나타나는가?
1) 저음이 증가된다.   2) 음상 정위가 명확하지 않다.
3) 앰프가 파손되기 쉽다.   4) 스피커가 파손된다.

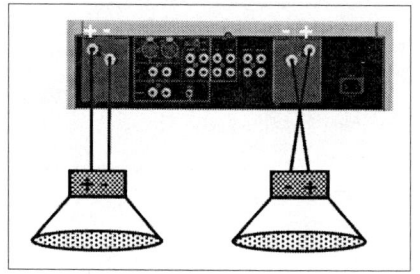

84. 스피커의 step response는 무슨 정보를 가지고 있는가?
1) 유닛 간의 시간 정렬 상태   2) 반사음 패턴
3) 직접음과 반사음의 크기   4) 스피커의 위상 특성

85. 음향 시스템 설계 시에 관계되지 않은 스피커 특성은?
1) power   2) frequency response   3) time coherence   4) sensitivity

86. 다음 설명 중에서 틀린 것은?
1) 위상이 다른 2개의 스피커의 중앙에서 음을 들으면 저음이 강조되어 들린다.

2) 2대의 스피커가 역위상으로 접속되면 음상의 정위가 불명확하게 들린다.
3) 멀티 앰프 방식을 사용하면 왜곡이 감소되고 댐핑도 좋아진다.
4) 2대의 스피커를 스태킹하면 음압 레벨이 1대의 스피커 레벨보다 6dB 상승된다.

87. 스피커의 사양이 다음과 같을 때, 설명이 부적절한 것은?
1) 실링 스피커로 적절하다.
2) 하이 임피던스 전용 스피커이다.
3) 100V 전송할 경우에 최대 음압 레벨은 110dB이다.
4) 잔향이 많은 공간에 적절하다.

Frequency response(-10dB)	50Hz~20kHz
coverage(conical)	75degree
power	100W cont / 400W peak
sensitivity	93dB
Max SPL	119dB
impedance	8 Ohms
transformer taps	70V:7.5, 15, 30, 60W 100V: 15, 30, 60W bypass; 8Ohms

88. 설명 중에서 부적절한 것은?
1) 크로스오버 주파수는 2kHz를 피한다.
2) 정지향성 혼은 지향 특성을 향상시키기 위한 것이다.
3) 감도와 출력 음압 레벨은 관계가 없다.
4) 스피커에 가해지는 입력 전압이 클수록 왜곡이 많아진다.

89. PA 스피커와 가정용 스피커의 차이가 아닌 것은?
1) 용량   2) 임피던스   3) 지향각   4) 인클로저

90. 스피커 진동판에 의한 분류가 아닌 것은?
1) 콘형   2) 돔형   3) 평면형   4) 다이내믹형

91. 서브우퍼의 주파수 대역으로 가장 적절한 것은?
1) 30~100Hz   2) 100~200Hz   3) 50~500Hz   4) 100~1,000Hz

92. 복합형 스피커 시스템의 크로스오버 주파수에서 조정해야 하는 것이 아닌 것은?
1) 타임 얼라인   2) 위상   3) 레벨   4) 임피던스

93. 스피커에서 고조파 왜곡의 원인이 아닌 것은?
1) 구동력   2) 지지계   3) 분할 진동   4) 시간 지연

94. 라인 어레이 스피커 시스템의 설명 중에서 부적절한 것은?
1) 근거리에서는 저주파수만 커플링된다.
2) 원거리에서는 모든 주파수에서 커플링된다.
3) 선 음원을 만들기 위한 시스템이다.
4) 저음의 간섭을 최소화하기 위해서 만든 것이다.

95. Line array system을 사용하기 적절한 공간 음향 환경이 아닌 곳은?
1) 폭이 넓고 길이가 짧은 공간   2) 야외
3) 폭이 좁고 길이가 긴 공간   4) 대형 체육관

96. 라인 어레이 스피커 시스템의 설명 중에서 맞는 것은?
1) 1대 스피커만으로도 라인 어레이 특성이 나타난다.
2) 수평 지향각은 어레이 개수에 따라서 달라진다.
3) 라인 어레이는 근접 거리에서 원거리까지 특성이 같다.
4) 근접 거리는 다운필 스피커를 사용한다.

97. 라인 어레이 스피커 시스템의 설명 중에서 틀린 것은?
1) 어레이 길이가 길수록 저음까지 지향성이 제어된다.
2) 엘리먼트 간의 간격이 짧을수록 고음까지 지향성이 제어된다.
3) 천이 거리는 저주파수일수록 길어진다.
4) 근접 거리에서는 저주파수만 간섭이 없다.

98. 라인 어레이 스피커 시스템의 설명 중에서 가장 적절한 것은?
1) 곡선 어레이는 선음원이 아니다.

2) 곡선 어레이는 스프레이 각도에 관계없이 특성이 같다.
3) 어레이의 길이는 제어하고자 하는 주파수의 파장의 2배 이상이어야 한다.
4) 어레이 길이가 길수록 고음까지 지향각이 제어된다.

99. 라인 어레이 스피커 시스템의 특징이 아닌 것은?
1) 일종의 선 음원이다.
2) 원거리까지 음압 레벨을 일정하게 얻을 수 있다.
3) 수평 지향각을 일정하게 제어할 수 있다.
4) 잔향이 많은 공간에서 명료도를 증가시키는데 효과적이다.

100. 라인 어레이 스피커 시스템으로 100Hz까지 지향각을 제어하고자 하면, 어레이의 길이는 몇 m가 되어야 하는가?
1) 5.6m　　　　2) 6.2m　　　　3) 9.8m　　　　4) 13.6m
☞ 어레이의 길이는 지향성을 제어하고자 하는 주파수의 파장의 4배 이상이 되어야 한다. 예를 들어, 100Hz의 파장은 3.4m이므로 13.6m(=3.4×4배) 이상이 되어야 지향각이 제어된다.

101. 다음 설명 중에서 틀린 것은?
1) 라인 어레이의 천이 거리는 주파수에 따라서 다르다.
2) 라인 어레이의 천이 거리 이상에서는 음압 레벨이 −6dB/doubling distance로 감쇠된다.
3) 근거리에서는 라인 어레이 특성이 나타나지 않는다.
4) 어레이의 길이와 음향 특성과는 관계가 없다.

102. 고음 스피커를 스태킹하여 10kHz까지 코히런트한 선음원을 만들고자 하는 경우에 스피커 유닛 간의 간격은 얼마 이하로 해야 하는가?
1) 1.7cm　　　　2) 3.4cm　　　　3) 5.1cm　　　　4) 6cm
☞ $f_b < c/2d \rightarrow d < c/2f_b = 340/2 \times 10{,}000 = 1.7$cm

103. 두 대의 서브우퍼로 100Hz를 단일 지향성 패턴으로 만드는 경우에 두 스피커 간의 간격과 지연 시간은 얼마인가?
1) 85cm, 2.5ms　　2) 90m, 3ms　　3) 1.3m, 4.9ms　　4) 1.5m, 5.9ms

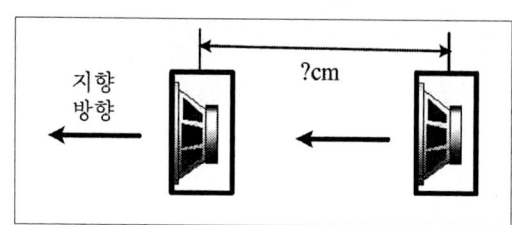

☞ 두 서브우퍼 간의 간격을 1/4 파장만큼 떨어뜨려 배치한다. 100Hz의 경우를 계산하면, 두 서브우퍼를 85cm 떨어뜨려 배치하고, 앞의 서브우퍼를 2.5ms 지연시킨다. 이렇게 하면 앞의 서브우퍼는 뒤 서브우퍼보다 1/4 파장만큼 지연되고, 이 지연과 뒤 서브우퍼의 간격이 1/4 파장만큼 지연되어 도달되므로 어레이의 앞에서는 두 서브우퍼에서 방사되는 파형이 일치하여 음압이 2배가 된다. 그리고 어레이의 뒤에서는 두 서브우퍼에서 방사되는 음이 역 위상이 되므로 상쇄되고, 단일 지향성 패턴이 된다.

8. 믹서

1. 믹서 페이더 앞단의 음을 듣기 위한 스위치는 무엇인가?
1) pre fader   2) pan pot   3) solo   4) group

2. 콘솔에 부착되어 있는 효과기 이외에 별도의 Outboard Effectors를 사용하고자 할 때 사용하는 기능은?
1) Insert   2) Aux   3) Bus   4) Matrix

3. 잔향기를 믹서와 병렬로 연결하는 방법은?
1) 믹서의 출력 단자에 연결   2) aux 단자에 연결
3) 음원과 믹서 사이에 연결   4) insert 단자에 연결

4. 잔향기를 믹서와 직렬로 연결하는 방법이 아닌 것은?
1) 믹서의 출력에 연결   2) 음원과 믹서 사이에 연결
3) aux 단자에 연결   4) 인서트 단자에 연결

5. 음향 시스템에서 이퀄라이저의 삽입 위치로서 적절하지 않은 것은?
1) 믹서와 스피커 컨트롤러 사이   2) 믹서의 인서트 단자
3) 파워 앰프와 스피커 사이   4) 믹서와 앰프 사이

6. 믹서의 muting 스위치의 사용 목적은?
1) 볼륨 위치를 그대로 두고 일시적으로 음을 끈다.
2) 스피커의 파손 방지
3) 볼륨의 컨트롤 위치를 제어한다.
4) 앰프의 보호

7. 믹서의 어떤 채널에 입력된 음의 음상 정위는 무엇을 조정하면 되는가?
1) pan   2) mute   3) aux   4) matrix

1) 1   2) 1   3) 2   4) 3   5) 3   6) 1   7) 1

8. 믹싱의 설명 중에서 가장 부적절한 것은?
1) 중심음이 선명해야 한다.
2) 모든 악기 음이 선명하게 들리도록 믹싱한다.
3) 음상의 정위가 명확해야 한다.
4) 악기음의 거리감이 느껴져야 한다.

9. 믹서에서 solo 스위치의 기능은?
1) solo 채널의 신호가 정상적으로 입력되고 있는지 체크한다.
2) solo 채널의 신호를 끊는다.
3) solo 채널 신호의 피크 치를 모니터한다.
4) solo 채널의 신호를 효과기로 전송한다.

10. 믹싱에 대한 설명 중에서 가장 적절한 설명은?
1) 음성에 박력감을 주기 위해서는 저역을 부스트한다.
2) 킥 드럼과 베이스 기타 음의 EQ 조정은 같은 주파수 대역을 부스트한다.
3) 악기 음 간의 마스킹을 피하기 위해 중첩 주파수 대역을 최소화한다.
4) 마이킹에 의한 음질 문제는 이퀄라이저로 완전히 보정된다.

11. 믹서의 트림(trim)은 무슨 기능인가?
1) 입력 신호의 레벨을 조정한다.   2) 음상 정위 제어를 한다.
3) 뮤트의 보조 기능이다.   4) 주파수 특성을 조정한다.

12. 믹서의 pan은 무슨 기능인가?
1) 입력 신호의 레벨을 조정한다.   2) 음상 정위 제어를 한다.
3) 뮤트의 보조 기능이다.   4) 주파수 특성을 조정한다.

13. 믹싱할 때 고려해야 할 사항이 아닌 것은?
1) 악기 음 간의 마스킹   2) 악기 음의 음상 정위
3) 악기 음의 임계 대역 보정   4) 악기 음 간의 음량 밸런스

14. 믹싱의 기본 원칙 중에서 가장 부적절한 것은?
1) 모든 악기가 선명하게 잘 들리도록 믹서의 solo 기능을 활용한다.
2) 여러 악기의 같은 주파수 대역을 부스트 커트하지 않는다.
3) 보컬을 명료하게 들리게 하기 위해서는 100Hz 이하를 커트한다.
4) 여러 악기의 주파수 대역이 중첩되지 않도록 각 악기의 불필요한 대역을 필터로 차단한다.

15. 킥드럼과 심벌음을 녹음하였는데, 심벌 소리가 킥 소리보다 너무 작아서 밸런스가 맞지 않았다. 이러한 경우에 어떻게 음을 보정하는 것이 가장 적절한가?
1) EQ로 심벌의 고음을 조정하면서 부스트한다.
2) 익스팬더로 소리를 신장시킨다.
3) 컴프레서로 심벌의 레벨에 threshold를 걸고 압축한 뒤 부스트한다.
4) PEQ로 킥의 레벨을 조정한다.

16. 믹서의 Direct Out의 용도는 무엇인가?
1) 믹서의 각 채널을 멀티트랙 리코더에 연결하기 위한 단자이다.
2) 믹서의 Aux 출력이 부족할 때 스테이지 모니터를 연결하기 위한 단자이다.
3) 믹서의 그룹 출력이 부족할 때 서브믹스를 하기 위한 단자이다.
4) 믹서의 Insert 개수가 부족할 때 사용하는 단자이다.

17. 설명 중에서 가장 부적절한 것은?
1) 음을 픽업하는데는 주파수 특성이 평탄한 마이크를 사용한다.
2) 이퀄라이저는 악기음의 스펙트럼 구조를 변경하는 것이다.
3) 리미터는 신호 레벨을 제어하는 기기이다.
4) 이퀄라이저로 음색을 보정하는데는 한계가 있다.

18. 믹서의 mic in과 line in에 대한 설명 중 틀린 것은?
1) 마이크 입력 단자에는 마이크 프리 앰프가 내장되어 있다.
2) 마이크를 line in에 연결하면 입력 신호 레벨이 작아서 음이 나오지 않는다.
3) 라인 출력을 mic in에 연결하면 입력 레벨이 커서 왜곡된다.
4) 마이크 입력 단자의 음질은 라인 입력 단의 음질보다 좋다.

19. 설명 중에서 가장 적절한 것은?
1) 오케스트라 녹음 시 각 파트에 다른 마이크를 세워서 믹싱하는 것은 밸런스를 잡기 쉽게 하기 위함이다.
2) 보컬의 이퀄라이징에서는 일반적으로 5kHz 이상을 과도하게 부스트하면 자음이 마스킹 되어 알아듣기 어려워진다.
3) 스테레오 마이킹은 확산감, 정위감, 거리감을 재현하기 위한 것이다.
4) 오케스트라를 녹음할 때에는 가능한 많은 마이크를 사용하여 녹음한다.

20. 디지털 믹서의 장점이 아닌 것은?
1) 사전에 메모리가 가능하다.
2) S/N 비가 높다.
3) 사용하기 간편하다.
4) 음질 열화가 적다.

21. 믹서의 이퀄라이저 기능은?
1) 음원의 음색 보정
2) 음장 보정
3) 음원의 레벨 조정
4) 음원의 음상 정위 조정

22. 믹서의 어느 채널에 피크 미터가 점멸된 경우에는 무슨 노브를 조정하여야 하는가?
1) mute
2) trim
3) pan
4) solo

23. 믹서의 어느 채널에 리버브를 음원과 직렬로 연결하여 사용하고자 하는 경우에 이용하는 단자는?
1) insert
2) aux
3) direct
4) monitor

24. 믹싱한 음이 둔탁하고 선명하지 않은 이유가 아닌 것은?
1) 저음이 너무 적다.
2) 같은 대역의 악기 음이 집중되어 있다.
3) 중음이 많다.
4) 고음이 너무 적다.

25. 마스터링 작업에 속하지 않은 것은?
1) 곡 간의 음색 보정
2) 곡 간의 레벨 조정
3) 음악 간의 시간 간격 조정
4) 음악의 문제점 수정

9. 앰프

1. 설명 중에서 부적절한 것은?
1) 앰프의 정격 출력은 스피커의 허용 입력보다 작은 것이 안전하다.
2) 댐핑 팩터는 앰프의 내부 저항이 작을수록 커진다.
3) A급 앰프는 소비 전력이 가장 많다.
4) 고조파 왜곡에는 잡음 성분도 포함되어 있다.

2. 앰프에 대한 설명 중 부적절한 것은?
1) 앰프의 정격 출력은 스피커의 허용 입력보다 큰 것이 안전하다.
2) 댐핑 팩터는 앰프의 내부 저항이 클수록 작아진다.
3) C급 앰프는 소비 전력이 가장 많다.
4) 브리지 모드는 파워를 크게 하고자 하는 경우에 사용한다.

3. 앰프에서 좋은 전원 회로의 조건 중에서 부적절한 것은?
1) 전원 임피던스가 낮을 것
2) 리플이 적을 것
3) 부하 전압에 의한 변동이 적을 것
4) 무게가 가벼워야 한다.

4. 앰프와 스피커를 다음 그림과 같이 구성하였을 때 예상되는 문제점이 아닌 것은?
1) 시스템이 안정되고 문제가 없다.
2) 낮은 레벨의 음악을 재생하는데 문제가 없다.
3) 큰 레벨로 동작하면 클리핑이 발생되기 쉽다.
4) 큰 레벨로 재생하면 고음 스피커가 고장 나기 쉽다.

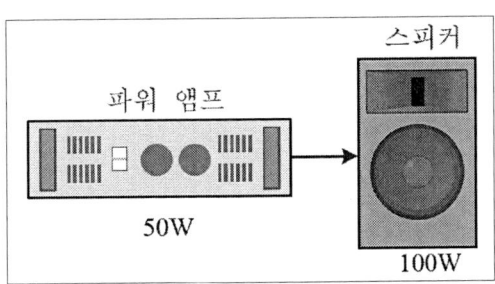

5. 파워 앰프 회로 중에서 PA용으로 가장 많이 사용하는 것은?
1) A급
2) B급
3) AB급
4) C급

6. 앰프와 스피커의 용량에 대한 설명 중에서 가장 적절하지 않은 것은?
1) 앰프 출력과 스피커 허용 입력은 같아야 안전하다.
2) 앰프의 용량은 재생하고자 하는 음악의 피크 팩터를 고려하여 결정한다.
3) 앰프 출력이 스피커의 정격 입력보다 커야 스피커가 안전하다.
4) 정격 입력 이상에서 스피커의 왜곡은 앰프의 왜곡보다 적다.

7. 2채널 앰프의 파워가 채널당 100W인 것을 브리지 모드로 사용하면 이론적으로 파워가 얼마가 되는가?
1) 100W
2) 200W
3) 300W
4) 400W

8. 파워 앰프 모드 중에서 왜곡이 가장 적은 것은?
1) A급
2) B급
3) AB급
4) C급

9. 파워 앰프 모드 중에서 상대적으로 소비 전력이 가장 많은 것은?
1) A급
2) B급
3) AB급
4) C급

10. 앰프의 음질과 관계가 가장 적은 것은?
1) 전원 회로
2) 주파수 특성
3) 입력 임피던스
4) 왜곡

11. 크로스오버 왜곡이 생기는 기기는?
1) 앰프
2) 디지털 리코더
3) 마이크
4) 믹서

12. 오디오용 파워 앰프 모드로 사용하지 않는 방식은?
1) B급
2) C급
3) D급
4) H급

13. 스피커를 앰프에 다음과 같이 연결하는 방식은?
1) bridge mode
2) dual mode
3) stereo mode
4) mono mode

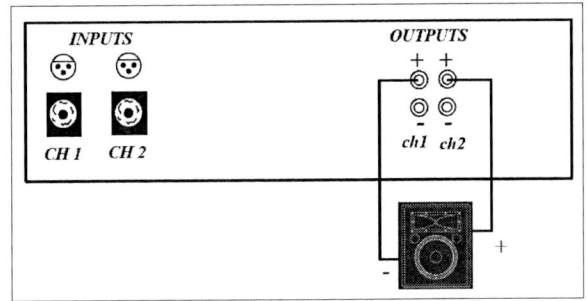

14. 앰프의 브리지 모드의 가장 큰 특징은?
1) 큰 파워를 얻을 수 있다.　　　　　2) 주파수 특성이 향상된다.
3) 주파수 대역이 넓어진다.　　　　　4) 왜곡이 적어진다.

15. 앰프의 브리지 모드의 설명 중에서 틀린 것은?
1) 2채널 앰프를 브리지 모드로 사용하면 모노 앰프가 된다.
2) 어떠한 앰프라도 브리지 모드로 사용할 수 있다.
3) 앰프 출력 단자의 2개의 +극을 스피커에 연결하고, - 단자는 사용하지 않는다.
4) 브리지 앰프 출력은 floating 상태이므로 접지된 기기와 연결하지 않아야 한다.

16. 전원(60Hz)을 사용하는 증폭기에서 평활 회로 성능이 좋지 않은 경우에 전원의 주파수가 스피커에서 들리는 음은?
1) 험 노이즈　　　2) 히스 노이즈　　　3) 화이트 노이즈　　　4) 핑크 노이즈

17. 파워 앰프를 브리지 모드로 사용할 때 가장 큰 특징은?
1) 음질이 좋아진다.　　　　　　　　　2) 한 채널의 파워보다 4배의 파워가 된다.
3) 주파수 대역이 넓어진다.　　　　　4) 왜곡이 적어진다.

18. 설명 중에서 가장 부적절한 것은?
1) 슬루율이 높은 앰프는 저주파수 특성이 좋다.
2) 슬루율은 앰프의 입력 신호에 반응하는 속도이다.
3) 슬루율의 단위는 V/μs이다.
4) 앰프의 파워가 클수록 슬루율은 높아야 한다.

14) 1　　15) 2　　16) 1　　17) 2　　18) 1

19. slew rate의 단위는 무엇인가?
1) dB/s
2) V/m
3) dB/ms
4) V/μs

20. 다음과 같은 사양의 앰프와 스피커를 연결할 때, 앰프의 클리핑이 생기는 신호 레벨은?
1) 4.1dBu
2) 5.7dBu
3) 7.7dBu
4) 9.1dBu

> 앰프의 최대 출력; 400W @4Ω,
> 앰프의 이득; 26
> 스피커의 임피던스; 4Ω

☞ $V_{max} = \sqrt{W \cdot Z} = \sqrt{400 \times 4} = 40V$ 앰프의 최대 입력 신호 레벨은 출력 신호 전압을 이득으로 나눈다. L_v=40V/26=1.5V. 따라서 앰프에 가해지는 신호 레벨은 다음과 같이 구한다.
V_{in}=20log(1.5/0.775)=5.7dBu

21. 앰프에 아무런 신호를 가하지 않았을 때 스피커에서 들리는 음은?
1) 마스킹 잡음
2) 히스 잡음
3) 퍼플 잡음
4) 브라운 잡음

22. 댐핑 팩터에 대한 설명 중에서 가장 부적절한 것은?
1) 스피커의 불필요한 진동의 정도를 나타낸다.
2) 댐핑 팩터는 클수록 좋다.
3) 댐핑 팩터는 음질과 관계가 없다.
4) 스피커 케이블은 댐핑 팩터를 변화시킨다.

23. 앰프의 출력 임피던스가 낮은 정도를 나타내는 것은?
1) 댐핑 팩터
2) 효율
3) 감도
4) 과도 특성

24. 앰프에서 a와 같은 신호를 출력시켰을 때, 스피커의 출력 신호가 b와 같이 출력되는 경우에 왜 이러한 문제가 발생되는 것인가?
1) 앰프의 왜곡
2) 앰프와 스피커의 접속 불량
3) 댐핑 부족
4) 스피커의 성능 불량

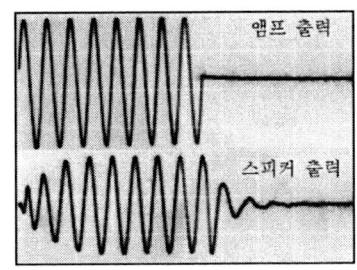

25. 앰프의 출력 임피던스가 0.4Ω이고, 스피커 임피던스가 8Ω이면 댐핑 팩터는?
1) 20　　　　2) 40　　　　3) 60　　　　4) 80
☞ DF=8/0.4=20

26. 앰프의 출력 임피던스가 0.4Ω, 스피커의 임피던스가 6Ω일 때 댐핑 팩터는 얼마인가? 단, 선로 저항은 0.2Ω이다.
1) 10　　　　2) 20　　　　3) 60　　　　4) 80
☞ DF=6/(0.4+0.2)=10

27. 앰프의 출력 임피던스가 0.2Ω, 스피커의 임피던스가 8Ω이면, 댐핑 팩터는 얼마인가? 단, 선로 저항은 무시한다.
1) 40　　　　2) 60　　　　3) 80　　　　4) 160

28. 앰프의 출력 임피던스가 0.8Ω이고, 스피커 임피던스가 8Ω이면 댐핑 팩터는?
1) 10　　　　2) 20　　　　3) 30　　　　4) 40

29. 파워 앰프와 스피커 연결에 관한 설명 중에서 맞는 것은?
1) 16Ω의 스피커가 8Ω의 스피커보다 2배의 파워를 얻을 수 있다.
2) 8Ω의 스피커에 비해 4Ω의 스피커가 2배의 파워를 얻을 수 있다.
3) 브리지 모드를 사용하면 dual mode와 같은 파워를 얻을 수 있다.
4) 브리지 모드를 사용하면 허용 부하 임피던스가 낮아진다.

30. 스피커 정격 입력이 100W일 때, 신호의 피크 팩터를 고려한 앰프의 적절한 용량은?
1) 10W　　　　2) 50W　　　　3) 100W　　　　4) 200W

31. 앰프의 이득이 50dB이다. 이 앰프에 0.1V를 인가하면 출력 전압은?
1) 10.4V   2) 31.6V   3) 40.16V   4) 50.1V
☞ 20logx=50dB → x=$10^{50/20}$=316. 출력 전압은 0.1×316=31.6V

32. 앰프의 슬루율과 관계되는 성능은?
1) 고주파 특성   2) 왜곡 특성   3) S/N 비   4) 위상 특성

10. 음향 효과기

1. 다이내믹 계열의 음향 효과기가 아닌 것은?
1) Pitch Shifter   2) Compressor   3) Limiter   4) De-esser

2. 다이내믹 프로세서의 기능은?
1) 신호 레벨을 제어한다.   2) 잔향을 부가한다.
3) 주파수를 가변한다.   4) 주파수 특성을 제어한다.

3. 다이내믹 프로세서에 관한 내용 중에서 맞는 것은?
1) 잔향을 부가한다.   2) 잡음을 제거한다.
3) 피치 가변 기능이 있다.   4) 주파수 특성을 가변한다.

4. Compressor에 대한 설명 중에서 틀린 것은?
1) 다이내믹 프로세서이다.
2) 신호의 주파수 특성을 가변할 수 있다.
3) 엔벌로프의 어택을 강조할 수 있다.
4) 엔벌로프의 릴리스를 가변할 수 있다.

5. 레벨 차가 많은 음악에서 신호의 레벨 차를 줄여서 음악의 레벨을 안정되게 만드는 효과기는?
1) 컴프레서   2) 익스팬더   3) 리미터   4) 노이즈 게이트

6. 다이내믹 레인지가 큰 음악 신호를 다이내믹 레인지가 작은 리코더에 녹음할 때 사용하는 기기는?
1) 컴프레서   2) 노이즈 게이트   3) 이퀄라이저   4) 잔향기

7. 컴프레서의 파라미터가 아닌 것은?
1) ratio   2) threshold   3) attack   4) hold

1) 1   2) 1   3) 2   4) 2   5) 1   6) 1   7) 4

8. 음악 신호의 레벨을 제어하는 효과기는?
1) 컴프레서
2) 이퀄라이저
3) 지연기
4) 코러스

9. 컴프레서의 어택은 무엇을 의미하는가?
1) 출력이 감쇠되는데 걸리는 시간
2) 동작의 해제를 설정하는 시간
3) 레벨 압축을 시작하는 시간 설정
4) 압축 레벨을 결정하는 것

10. 고조파 왜곡이 생기지 않게 녹음하는 방법 중에서 가장 적절하지 않은 것은?
1) 녹음 레벨을 낮게 한다.
2) 컴프레서를 적절하게 활용한다.
3) 레벨 매칭을 잘 시킨다.
4) peak meter를 이용하여 녹음한다.

11. 컴프레서에서 압축을 해제하는 파라미터는?
1) threshold
2) attack
3) release
4) hold

12. 컴프레서를 응용하는 효과가 아닌 것은?
1) 레벨의 편차가 많은 것을 비교적 균등하게 조정한다.
2) 릴리스를 길게 한다.
3) 어택을 강조한다.
4) 신호에 비해 잡음이 많은 경우에 잡음을 제거한다.

13. 10dB threshold로 설정된 컴프레서의 압축률이 10:1이면, 0dB의 신호가 입력되면 출력 레벨은?
1) 0dB
2) 1dB
3) 5dB
4) 10dB

14. 컴프레서의 압축 비가 4:1이라는 것은 무엇을 의미하는 것인가?
1) 입력 신호가 threshold 이상에서 입력 신호가 4dB 증가되면 출력은 1dB 증가된다.
2) 입력 신호가 threshold 이상의 레벨에서 출력 신호는 입력 신호보다 4dB 적다.
3) 출력 신호를 4dB 감쇠시켜 음악 전체 레벨을 일정하게 만든다.
4) 입력 신호를 4dB 적게 하여 클리핑을 방지하고 고조파 왜곡이 최소가 되게 한다.

15. 다음 설명 중 틀린 것은?
1) 컴프레서의 threshold 이하의 신호는 신호 처리되지 않는다.
2) 컴프레서의 압축 비가 10:1은 리미터라고 한다.
3) attack을 빠르게 설정하면 신호가 압축되기 시작되는 시간이 느리다.
4) 컴프레서와 리미터는 다른 음향 효과기이다.

16. 다음 그림은 컴프레서로 신호 처리한 파형이다. 그림a와 그림b는 무슨 파라미터를 다르게 설정한 결과인가?
1) attack　　　2) release　　　3) sustain　　　4) ratio

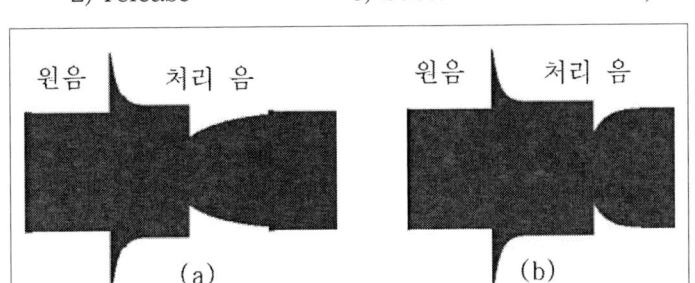

17. 컴프레서의 threshold를 −10dB에 설정하고 압축 비는 4:1로 설정하였을 때, −6dB 신호가 입력되면 출력 레벨은?
1) −1.5dB　　　2) −3dB　　　3) −5dB　　　4) −9dB

18. 컴프레서의 압축 비를 3:1로 설정하고 threshold를 +3dB로 설정하였다면, 입력 신호가 +12dB 입력되면 출력 레벨은?
1) +4dB　　　2) +5dB　　　3) +6dB　　　4) +7dB
☞ 입력이 3dB 이상이 되면 컴프레서가 압축을 시작하므로 9dB가 증가되어 1/3로 압축되므로 3dB가 출력된다. 따라서 threshold 3dB 레벨에 출력 3dB를 더하면 6dB가 출력된다.

19. Threshold가 2dB로 설정된 컴프레서에 10dB 신호가 입력되어 2dB가 출력되면 압축률은?
1) 4:1　　　2) 5:1　　　3) 10:1　　　4) ∞:1
☞ 압축 비를 무한대로 하면 출력은 항상 2dB가 된다.

20. 엔벌로프의 릴리스를 길게 하는데 사용하는 효과기는?
1) 컴프레서   2) 이퀄라이저   3) 지연기   4) 노이즈 게이트

21. 다음 파형은 무슨 효과기로 신호 처리한 결과인가?
1) 이퀄라이저   2) 컴프레서   3) 익스팬더   4) 코러스

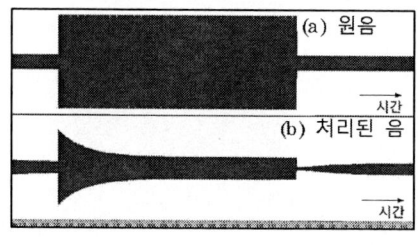

22. 피아노 음의 어택을 강조하는데 가장 적절한 방법은?
1) EQ로 6kHz 대역을 부스트한다.
2) 컴프레서로 threshold와 어택을 조정한다.
3) 잔향을 부가한다.
4) PEQ로 4kHz를 커트하고 10kHz를 부스트한다.

23. 음의 엔벌로프 구조를 변경할 수 있는 음향 기기는?
1) compressor   2) equalizer   3) noise gate   4) expander

24. 파라미터 세팅을 잘못하면 치찰음이 강조되는 음향 효과기는?
1) compressor   2) limiter   3) Gate   4) Expander

25. compressor에서 soft knee에 대한 설명 중에서 틀린 것은?
1) threshold 이전에 압축을 시작한다.
2) hard knee보다 threshold 레벨에서 압축 레벨이 낮다.
3) threshold가 되면 바로 압축한다.
4) hard knee보다 출력 레벨이 작다.

26. Ducker에 대한 설명 중에서 가장 부적합한 것은?
1) 다이내믹 프로세서이다.   2) 사이드 체인 기능을 활용한 것이다.

3) 컴프레서의 기능을 활용한 것이다.   4) 하울링 방지 역할을 한다.

27. 다음 그림은 컴프레서로 신호 처리한 파형이다. 그림a와 그림b는 무슨 파라미터를 다르게 처리한 결과인가?
1) attack   2) release   3) sustain   4) ratio

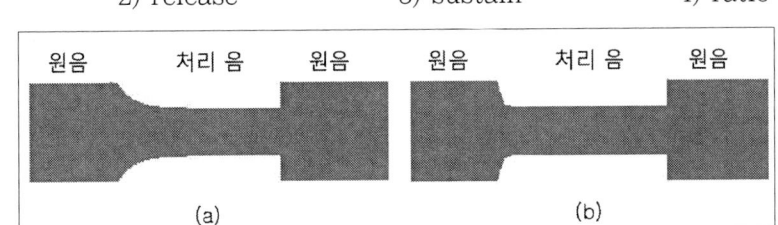

28. 컴프레서의 동작 레벨을 설정하는 기능은?
1) threshold   2) attack   3) ratio   4) release

29. De-esser로 활용할 수 있는 음향 기기는?
1) chorus   2) compressor   3) delay   4) expander

30. 다이내믹 레인지가 작은 리코더에 다이내믹 레인지가 넓은 음악을 녹음하는데 클리핑이 생길 가능성이 많다. 따라서 녹음 레벨을 낮게 녹음하면 클리핑이 생기지 않게 된다. 이 때 문제가 될 수 있는 것은?
1) S/N 비가 작아진다.   2) 주파수 특성이 평탄해진다.
3) 다이내믹 레인지가 넓어진다.   4) 과도 특성이 좋아진다.

31. 음성의 치찰음을 억제하는 효과기는?
1) auto pan   2) exciter   3) de-esser   4) limiter

32. 음향 효과기 중에서 다이내믹 레인지를 넓히는데 사용하는 것은?
1) 잔향기   2) 이퀄라이저   3) 익스팬더   4) 코러스

33. Noise gate의 파라미터가 아닌 것은?
1) sustain   2) release   3) attack   4) threshold

34. 노이즈 게이트에서 threshold 이상의 신호가 들어 온 후에 어느 정도 시간을 두고 on 할 것인지를 결정하는 파라미터는?
   1) attack   2) release   3) hold   4) range

35. 일정 레벨 이하의 신호를 압축하여 다이내믹 레인지를 넓히는 기기는?
   1) 컴프레서   2) 익스팬더   3) 리미터   4) 익사이터

36. 다음 파형은 어느 기기로 신호 처리한 결과인가?
   1) 노이즈 게이트   2) 컴프레서   3) 리미터   4) 익스팬더

37. Noise gate에서 threshold 이하의 신호가 입력되면, 어느 정도 시간을 두고 노이즈 게이트를 닫을 것인지를 결정하는 파라미터는?
   1) attack   2) release   3) hold   4) range

38. Expander에 대한 설명 중에서 맞는 것은?
   1) 낮은 신호 레벨을 더 낮게 하여 다이내믹 레인지를 넓힌다.
   2) 높은 레벨의 신호를 더 높게 하여 다이내믹 레인지를 넓힌다.
   3) 엔벌로프의 어택을 강조하는 기능이 있다.
   4) 엔벌로프의 릴리스를 가변할 수 있다.

39. 마이크를 사용하지 않을 때 일시적으로 off시키고, 신호가 입력되면 on 시키는 기능에 활용할 수 있는 음향 기기는?
   1) 컴프레서   2) 이퀄라이저   3) 지연기   4) 노이즈 게이트

40. 음악 신호의 스펙트럼을 제어하는 효과기는?
   1) 컴프레서   2) 이퀄라이저   3) 지연기   4) 코러스

41. 음악의 스펙트럼 구조를 변경하여 음질을 보정하는 음향 기기는?
1) 잔향기
2) 코러스
3) 익스팬더
4) 이퀄라이저

42. 이퀄라이저의 용도가 아닌 것은?
1) 음색 보정
2) 음장 보정
3) 신호의 전압 크기 가변
4) 신호의 주파수 가변

43. 이퀄라이저 사용 방법 중에서 가장 부적절한 방법은?
1) 슬라이더를 6dB 이내에서 조정한다.
2) 믹싱할 때 여러 악기의 같은 대역을 부스트 커트하지 않는다.
3) 음악에서 가장 중요한 악기에 최선을 다해서 보정한다.
4) 슬라이더를 조정한 후에 EQ를 단일 이득으로 조정한다.

44. 이퀄라이저 사용 방법에 관한 설명 중에서 가장 적절하지 않은 것은?
1) 특정 슬라이더를 과도하게 부스트하지 않는다.
2) 각 악기 음의 스펙트럼이 최대한 평탄하게 되도록 조정한다.
3) 이퀄라이저 조정 후에 단일 이득으로 조정한다.
4) 믹싱할 때 여러 악기의 같은 대역을 부스트하지 않는다.

45. 주파수 특성을 제어하는 음향 효과기가 아닌 것은?
1) 이퀄라이저
2) 컴프레서
3) 필터
4) 파라메트릭 이퀄라이저

46. 그래픽 이퀄라이저 사용 설명 중에서 가장 부적절한 것은?
1) 슬라이더를 12dB 이내에서 조정한다.
2) 여러 악기의 같은 대역을 부스트하지 않는다.
3) 중심 주파수가 고정되어 있다.
4) 대역 폭을 가변할 수 없다.

47. 이퀄라이저를 음향 시스템에 연결하는 방법 중에서 가장 부적절한 것은?
1) 믹서의 인서트 단자에 연결
2) 믹서와 앰프 사이
3) aux 단자에 연결
4) 믹서의 출력에 연결

48. 1/3 옥타브 이퀄라이저를 그림과 같이 설정하면, 어떠한 결과가 예측되는가?
1) 일반적으로 많이 사용되는 형태이다.
2) 저음과 고음이 강조된 특성이다.
3) 저역이 부족하다.
4) 중음이 강조된 음이 된다.

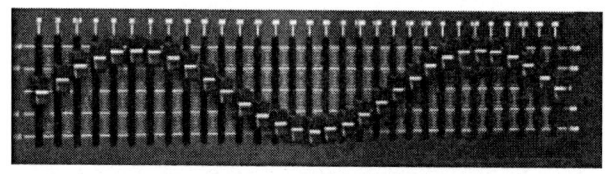

49. 보컬 음을 EQ로 다음과 같이 조정하였을 때 예측되는 현상은?
1) 선명하다.   2) 둔탁하다.   3) 음상이 앞으로 나온다.   4) 박력 있다.

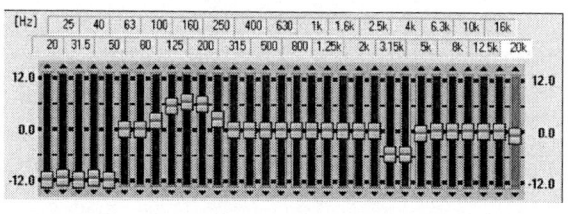

50. 이퀄라이저의 사용 용도가 아닌 것은?
1) tonal enhancement
2) resonance reduction
3) feedback prevention
4) pitch shift

51. 파라메트릭 이퀄라이저의 특징이 아닌 것은?
1) 중심 주파수를 가변할 수 있다.
2) Q를 조정할 수 있다.
3) 진폭을 가변할 수 있다.
4) 위상을 조정할 수 있다.

52. 파라메트릭 이퀄라이저의 파라미터가 아닌 것은?
1) 주파수   2) 대역 폭   3) 진폭   4) 위상

53. Parametric equalizer의 기능 설명 중에서 가장 부적절한 것은?
1) Q를 크게 하면 대역 폭이 좁아진다.
2) 위상 특성을 가변할 수 있다.
3) 중심 주파수를 가변할 수 있다.
4) 대역 폭을 가변할 수 있다.

54. 60Hz의 험 잡음을 제거하고자 할 때에는 무슨 필터를 사용하는가?

1) 저역 통과 필터　　2) 고역 통과 필터　　3) 대역 저지 필터　　4) 대역 통과 필터

55. 이퀄라이저의 사용 용도가 아닌 것은?
1) 음원의 음색 보정　　　　2) 실내 공진 주파수 보정
3) 음향 피드백 제어　　　　4) 주파수 가변

56. 그래픽 이퀄라이저의 특징이 아닌 것은?
1) 중심 주파수가 고정되어 있다.　　2) 중심 주파수의 진폭을 부스트 커트 가능하다.
3) 대역 폭을 가변할 수 있다.　　　4) 위상 특성은 가변할 수 없다.

57. 설명 중에서 가장 적절한 설명은?
1) 음성에 박력감을 주기 위해서는 저역을 부스트한다.
2) 킥 드럼과 베이스의 EQ 조정은 같은 주파수 대역을 부스트한다.
3) 컴프레서는 신호 레벨을 제어한다.
4) 마이킹에 의한 음질 문제는 이퀄라이저로 완전히 보정된다.

58. 다음 설명 중에서 가장 적절하지 않은 것은?
1) 음을 픽업하는데는 주파수 특성이 평탄한 마이크를 사용한다.
2) 이퀄라이저는 악기음의 스펙트럼 구조를 변경하는 것이다.
3) 리미터는 신호 레벨을 제어하는 기기이다.
4) 이퀄라이저로 음색을 보정하는데는 한계가 있다.

59. 지연기를 응용한 효과기가 아닌 것은?
1) 잔향기　　2) 컴프레서　　3) 플렌저　　4) 코러스

60. 다음 블록 다이어그램은 무슨 효과기인가?
1) reverb　　2) delay　　3) flanger　　4) exciter

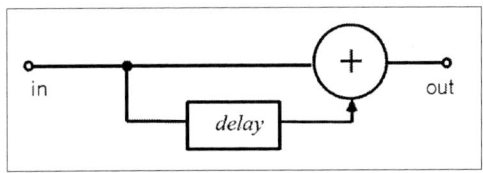

61. 잔향기의 사용 방법에 관한 설명 중에서 적절하지 않은 것은?
1) Pre delay는 직접음과 초기 반사음 간의 시간 차를 조정하는 기능이다.
2) Diffusion은 흡음 계수를 시뮬레이션하는 것이다.
3) Reverb는 음원에 맞게 적절하게 설정한다.
4) Density는 많게 할수록 좋다.

62. Doubling 효과를 내는 기기는?
1) 지연기   2) 컴프레서   3) 리미터   4) gate

63. 잔향음이 악기음을 마스킹하지 않게 할 경우에 사용하는 잔향기의 파라미터는?
1) pre delay   2) density   3) frequency   4) diffusion

64. 잔향기의 기능 중에서 흡음재의 종류를 시뮬레이션 하는 기능은?
1) pre delay   2) frequency ratio 3) diffusion   4) density

65. 어택 음이 짧고 서스테인이 긴 음원에 잔향을 부가하면 마스킹이 생기게 된다. 이러한 경우에 어떠한 조치가 적절한가?
1) room size를 가변한다.   2) pre delay를 조정한다.
3) 잔향 시간의 주파수 특성 고역을 강조한다.   4) diffusion을 크게 한다.

66. 다음 두 신호는 임펄스 신호에 잔향을 부가한 결과이다. 두 신호는 무슨 처리를 다르게 한 것인가?
1) reverb time   2) initial delay   3) diffusion   4) density

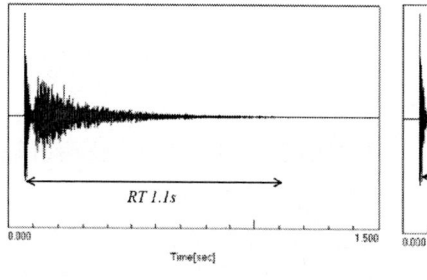 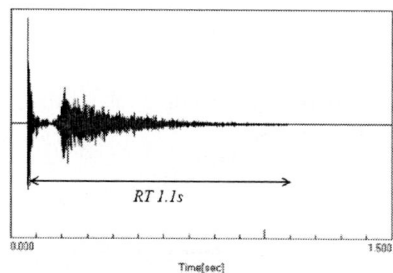

67. 공간의 크기감을 가변하기 위해서는 잔향기의 무슨 파라미터를 가변해야 하는가?

1) 초기 지연 시간 2) 주파수 특성 3) 확산 4) 잔향 시간

68. 잔향기의 기능 중에서 pre delay는 무슨 효과를 시뮬레이션 하는 것인가?
1) 공간의 크기 2) 흡음률 3) 흡음 재료 4) 확산체

69. 잔향기 기능 중에서 고주파 잔향 시간 비율은 무엇을 시뮬레이션하는 것인가?
1) 실내의 크기 2) 흡음률 3) 흡음 재료 4) 확산체

70. 잔향기의 기능 중에서 반사음의 밀도를 가변하는 기능은?
1) reverb 2) pre delay 3) diffusion 4) density

71. 공간감을 가변할 수 있는 음향 효과기는?
1) 잔향기 2) 컴프레서 3) 익스팬더 4) 코러스

72. 잔향기로 initial delay를 변경하는 것은 실제 홀에서는 어떠한 음향 특성이 변화되는 것과 동일한 효과가 있는가?
1) 흡음률 2) 공간의 크기 3) 잔향 시간 4) 반사음 밀도

73. 많은 악기가 연주할 때 각 악기마다 약간의 시간 차이가 있어서 음악이 풍부하게 들리게 된다. 하나의 악기로 이러한 효과를 내기 위한 효과기는?
1) reverb 2) compressor 3) noise gate 4) chorus

74. auto panning에 사용하는 기기는?
1) delay machine 2) reverb machine 3) equalizer 4) exciter

75. 콤필터 왜곡을 이용하는 효과기는?
1) 이퀄라이저 2) 컴프레서 3) 지연기 4) 코러스

76. 음향 효과기에서 bypass 스위치의 기능은?
1) 효과 처리의 유무 차이를 체크
2) 위상 특성을 평탄하게 보정
3) 효과음을 증가시키는 기능
4) 효과 처리 내용을 수정하는 기능

11. 디지털 오디오

1. CD의 표준 샘플링 주파수와 양자화 수는?
1) 44.1kHz, 16bit   2) 48kHz, 24bit   3) 44.1kHz, 24bit   4) 48kHz, 16bit

2. 24bit 디지털 신호의 다이내믹 레인지는?
1) 90dB,   2) 96dB   3) 100dB   4) 144dB

3. 디지털 오디오에서 양자화 수와 관계되는 파라미터는?
1) 주파수 대역   2) S/N 비   3) 과도 특성   4) 왜곡

4. 디지털화 과정에서 비선형 양자화를 사용하는 이유는?
1) 음질의 향상   2) 데이터의 압축   3) 처리 과정의 시간 단축   4) 주파수 대역 확장

5. 다음 매체 파일 중에서 무압축 형식의 파일은?
1) Wav   2) MP3   3) WMV   4) Flac

6. 디지털 오디오의 장점이 아닌 것은?
1) 여러 번 복사해도 음질이 열화되지 않는다.   2) 크로스토크가 적다.
3) 와우 플러터가 많다.   4) 레벨의 변동이 생기지 않는다.

7. 디지털 매체 중에서 용량이 가장 큰 미디어는?
1) DVD   2) SACD   3) Blue-ray   4) CD

8. 디지털 기기의 표준 레벨은?
1) 0VU   2) 0dBFS   3) 1dBV   4) 1dBm

9. 비선형 양자화의 목적은?
1) 고조파 왜곡 방지   2) 신호의 압축률 증가   3) jitter 잡음 감소   4) dither 잡음 감소

1) 1   2) 4   3) 2   4) 2   5) 1   6) 3   7) 3   8) 2   9) 2

10. MP3에서 오디오 신호 압축에 사용하는 청각 효과는?
   1) 두 귀 효과   2) 마스킹 효과   3) 칵테일 파티 효과   4) 선행음 효과

11. 디지털 오디오에서 10kHz까지 재생하고자 하면, 샘플링 주파수는 얼마가 적절한가?
   1) 5kHz   2) 10kHz   3) 15kHz   4) 20kHz

12. 아날로그 신호를 22kHz로 샘플링하면, 재생 주파수 대역은?
   1) 6kHz   2) 11kHz   3) 22kHz   4) 44kHz

13. 양자화 잡음을 줄이기 위해서 가하는 잡음은?
   1) dither noise   3) pink noise   3) purple nosie   4) brown noise

14. dBFS에 대한 설명 중에서 맞는 것은?
   1) dBFS의 최대 값은 +6dBFS이다.   2) CD 신호는 0~-100dBFS이다.
   3) 0dBFS는 0Volt이다.   4) 0dBFS는 디지털의 최대 신호이다.

15. 디지털 녹음기의 특징 중에서 틀린 것은?
   1) 크로스토크가 없다.
   2) 복사해도 레벨이 변동되지 않는다.
   3) 메모리에서 편집 시뮬레이션이 가능하다.
   4) 다이내믹 레인지가 좁지만, S/N 비가 크다.

16. A/D 변환 과정에서 저역 통과 필터를 사용하는 이유는?
   1) 고조파 왜곡 방지   2) aliasing 방지   3) 혼변조 왜곡 방지   4) 크로스토크 방지

17. 44.1kHz로 샘플링하고 16 비트로 디지털화된 오디오 신호의 비트율은?
   1) 705kbps   2) 1.4Mbps   3) 1.8Mbps   4) 2.4Mbps
   ☞ 44,100[Hz]×16[bit]=705,200 [bit/s]

18. 16 bit 디지털 신호의 다이내믹 레인지는?
   1) 90dB   2) 96dB   3) 100dB   4) 144dB

19. 비선형 양자화에 대한 설명 중에서 가장 부적절한 것은?
1) 레벨이 낮은 곳은 스텝을 잘게 나누고, 레벨이 큰 곳에서는 단계를 크게 나눈다.
2) 약간의 왜곡이 허용되는 분야에서는 비트 수를 줄이기 위해서 이용되고 있다.
3) 고음질로 만들기 위한 방식이다.
4) 데이터의 용량을 줄이기 위한 방법이다.

20. rate converter의 용도는?
1) 샘플링 주파수가 다른 기기 간에는 디지털로 복사하기 위한 것이다.
2) aliasing distortion을 방지하기 위한 것이다.
3) 고조파 왜곡을 방지하기 위한 것이다.
4) 다이내믹 레인지를 넓히기 위한 것이다.

21. 다음 중에서 가역 압축 방식은?
1) wav   2) MP3   3) AAC   4) FLAC

12. 케이블과 커넥터

1. 가장 적절하지 않은 설명은 ?
1) 음향 기기를 연결할 때 입력 임피던스보다 출력 임피던스가 커야 한다.
2) 댐핑 팩터는 클수록 좋다.
3) 케이블의 길이가 긴 경우에는 평형형 케이블을 사용한다.
4) 고 레벨(high level) 음향 기기 연결은 스피커 케이블을 사용한다.

2. 마이크와 같이 저레벨(low level) 신호 전송에 사용하는 케이블은?
1) 실드 선   2) 스피커 선   3) 광 케이블   4) LAN 케이블

3. 평형형 커넥터는?
1) XLR jack   2) RCA jack   3) BNC jack   4) F jack

4. 설명 중에서 맞는 것은?
1) 저레벨 신호의 음향 기기는 실드선을 사용하여 전송해야 한다.
2) 음향 기기를 연결할 때 출력 임피던스는 입력 임피던스보다 커야 한다.
3) 과도 특성은 왜곡 정도를 나타낸 것이다.
4) 그래픽 이퀄라이저는 대역 폭을 임의로 가변하여 주파수 특성을 조정할 수 있다.

5. 케이블 중에서 자기 유도 현상이 가장 적은 것은?
1) 평행형 케이블   2) 2심 실드 케이블   3) 4심 실드 케이블   4) 멀티 케이블

6. 평형형 케이블에 대한 설명 중에서 틀린 것은?
1) 케이블의 길이가 길어도 잡음의 영향이 적다.
2) 평형형 회로의 출력은 입력 신호의 2배가 된다.
3) 4dBm 이상의 신호용으로는 사용하지 않는다.
4) 2가닥으로 구성되어 있다.

1) 1   2) 1   3) 1   4) 1   5) 3   6) 4

7. 광 케이블의 장점이 아닌 것은?
1) 취급할 수 있는 정보량이 많다.
2) 전기적인 유도 현상이 없다.
3) 양방향 통신이 가능하다.
4) 케이블 수납 공간이 많이 필요하다.

8. 평형 및 불평형형 신호 전송에 대한 설명 중에서 가장 적절한 것은?
1) 평형형 신호는 별도의 회로없이 불평형형 신호로 변환할 수 있다.
2) 불평형 회로가 선로로 유입되는 잡음에 강하다.
3) 불평형 신호는 3선, 평형형 신호는 4선으로 구성된다.
4) 불평형 신호의 경우 실드선을 사용하지 않는 경우도 있다.

9. 오디오 시스템의 기준 레벨에 관한 설명 중에서 맞는 것은?
1) PA 기기는 기준 레벨은 +4dBu이다.
2) 가정용 오디오 기기는 +4dBv가 기준 레벨이다.
3) 마이크는 +0dBu가 출력 기준 레벨이다.
4) CD Player의 출력 레벨은 +4dBm이다.

10. 설명 중에서 틀린 것은?
1) 평형형 회로의 출력 전압은 입력 전압의 2배가 된다.
2) 불평형형 회로는 근거리 접속에 사용해도 된다.
3) 불평형형 선로는 원거리 접속에 사용하면 잡음 유도가 적다.
4) 정전압 전송 방식은 선로 손실을 줄일 수 있다.

11. 음향 기기의 커넥터로서 거의 사용하지 않은 것은?
1) RCA jack   2) phone jack   3) XLR jack   4) BNC jack

12. Direct Injection Box의 용도가 아닌 것은?
1) 임피던스 변환   2) 증폭
3) 그라운드 절체   4) 불평형형을 평형형으로 변환

13. 그림과 같은 시스템에서 케이블 손실은? 여기에서 스피커의 임피던스는 8Ω이고, 앰프에서 8V가 출력된다고 가정하고, 케이블 300m의 저항은 1Ω이다.

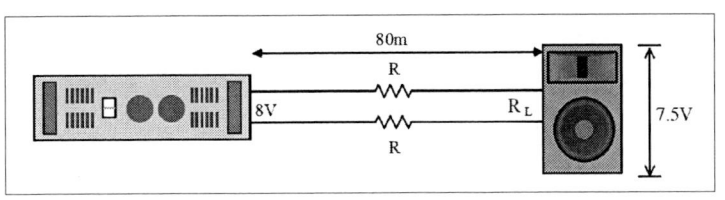

1) −0.58dB 2) −0.89dB 3) −1.3dB 4) −2.1dB

☞ 케이블 손실이 전혀 없는 경우 부하에 걸리는 전력은 다음과 같이 8W(=$E^2/R_L=8^2/8$)가 된다. 여기에서의 케이블의 길이가 80m이면, 저항은 0.26Ω(=80/300Ω)이 되고, 왕복 케이블의 저항은 0.52Ω이 된다. 따라서 8Ω 스피커 양단에 걸리는 전압은 7.5V가 된다.

$$E_L = \frac{8}{8+0.52} \times 8 = 7.5\text{V}$$

그리고 부하의 전력은 7W(=$7.5^2/8$)가 된다. 따라서 전력 손실은 −0.58dB{=10log(7/8)}가 된다.

14. 저항 300m당 2Ω의 50m선에 의한 8Ω 부하에서의 전력 손실은?
1) −0.58dB 2) −0.7dB 3) −1.3dB 4) −1.5dB

☞ R=(50/300)×2=0.33Ω, E=8/{8+(2×0.33)}=7.4V
부하 전력= $7.4^2/8$ = 6.8W, loss=10log(6.8/8) = −0.7dB

15. 설명 중에서 맞는 것은?
1) 저레벨 음향 기기 연결은 실드선을 사용한다.
2) 앰프와 스피커는 실드선으로 연결한다.
3) 불평형형 케이블은 긴 경우에 사용하면 효과적이다.
4) 불평형형 회로의 출력은 입력 전압의 2배가 된다.

16. 앰프와 스피커를 실드선으로 연결하면 어떤 현상이 예측되는가?
1) 고음이 감쇠된다.   2) 문제가 없다.
3) 중음이 강조된다.   4) 저음이 많아진다.

17. 파워 앰프와 스피커를 시스템을 접속하는 경우에 설명 중에서 가장 적절한 것은?
1) 파워 앰프의 최대 출력이 스피커 시스템의 정상 입력보다 크면 스피커가 파손되므로 스피커의 정격 입력보다 작은 앰프를 사용한다.

2) 능률이 좋은 스피커 시스템을 사용하면 감쇠기를 통하여 파워 앰프에 접속하면 댐핑이 좋아진다.
3) 파워 앰프와 스피커 시스템의 접속에는 실드선을 사용하여 험을 방지해야 한다.
4) 파워 앰프와 스피커와의 접속에는 굵은 선을 사용하고, 가능한 짧게 배선해야 한다.

18. 앰프와 스피커 연결은 실드 케이블을 사용하지 않은 이유는?
1) 전자기 유도 현상때문이다.
2) 앰프의 출력 임피던스가 커서 잡음 영향을 받지 않는다.
3) 신호 레벨이 작으므로 잡음의 영향을 받지 않는다.
4) 케이블의 정전 용량으로 음질이 열화된다.

19. XLR 커넥터의 ① ② ③번 핀 극성을 맞게 연결한 것은?
1) ① ↔ 접지, ② ↔ +, ③ ↔ −
2) ① ↔ +, ② ↔ 접지, ③ ↔ −
3) ① ↔ −, ② ↔ 접지, ③ ↔ +
4) ① ↔ +, ② ↔ −, ③ ↔ 접지

20. XLR 커넥터와 TS 커넥터를 바르게 연결한 것은?
1) XLR ①, ③번은 sleeve에 연결하고, ②번은 tip에 연결한다.
2) XLR ②번은 sleeve에 연결하고, ①, ③번은 tip에 연결한다.
3) XLR ③번은 sleeve에 연결하고, ②번은 tip에 연결한다.
4) XLR ①, ②번은 sleeve에 연결하고, ③번은 tip에 연결한다.

21. Dante 전송 포맷에 대한 설명 중 틀린 것은?
1) 멀티 채널의 비압축 디지털 오디오 신호를 송수신하는 오디오 포맷이다.
2) 512 채널 오디오 전송이 가능하다.
3) 최대 샘플링 주파수는 96kHz이다.
4) 레이턴시는 150㎲ 이내로 매우 짧다

Part 3
고급 음향 기술

13. 전기 음향

1. 물질 중에서 도체는?
1) 유리　　　　　2) 운모　　　　　3) 실리콘　　　　　4) 구리

2. 도체에 흐르는 전류의 양을 조절하는 소자는?
1) 바리콘　　　　2) 코일　　　　　3) 콘덴서　　　　　4) 저항

3. 선형 소자가 아닌 것은?
1) 저항　　　　　2) 콘덴서　　　　3) 코일　　　　　　4) 트랜지스터

4. ripple은 어떠한 전류에 있는 것인가?
1) alternating current　　　　　　2) direct current
3) pulsating current　　　　　　　4) pulse current

5. 회로 소자의 기호 설명 중에서 틀린 것은?

1) AC　　　2) 가변 저항　　　3) 트랜지스터　　　4) 콘덴서

6. Ohm의 법칙을 바르게 기술한 것은? 여기에서 E는 전압, I는 전류, R은 저항이다.
1) I=ER　　　　　2) E=IR　　　　　3) R=IE　　　　　4) E=I/R

7. 전력(P)을 나타내는 식은? 여기에서 E는 전압, I는 전류, R은 저항이다.
1) $P=E^2I$　　　2) $P=IR$　　　　3) $P=I^2/R$　　　4) $P=EI$

8. 직렬 저항 연결의 합은?
1) $R_T = R_1^2 + R_2^2 + R_3^2 + \cdots$　　　　　2) $R_T = R_1 \times R_2 \times R_3 + \cdots$
3) $R_T = 1/R_1 + 1/R_2 + 1/R_3 + \cdots$　　　4) $R_T = R_1 + R_2 + R_3 + \cdots$

1) 4　　2) 4　　3) 4　　4) 3　　5) 4　　6) 2　　7) 4　　8) 4

9. 병렬 저항 연결의 합은?
1) $R_T = R_1^2 + R_2^2 + R_3^2 + \cdots$
2) $R_T = R_1 \times R_2 \times R_3 + \cdots$
3) $1/R_T = 1/R_1 + 1/R_2 + 1/R_3 + \cdots$
4) $R_T = R + R_2 + R_3 + \cdots$

10. 다음 회로의 합성 저항은?
1) 5Ω
2) 10Ω
3) 15Ω
4) 20Ω

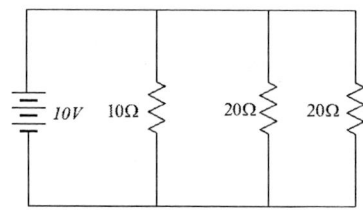

☞ 20Ω과 20Ω은 병렬로 연결되어 있으므로 합성 저항은 10Ω이 되고, 이 병렬 합성 저항과 10Ω이 병렬로 연결되어 있으므로 전체 합성 저항은 5Ω이 된다.

11. 다음 회로에 흐르는 전류는?
1) 1A
2) 2A
3) 5A
4) 10A

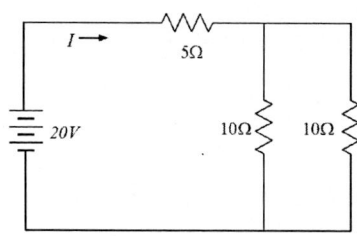

☞ 10Ω과 10Ω은 병렬로 연결되어 있으므로 합성 저항은 5Ω이 되고, 이 병렬 합성 저항과 5Ω이 직렬로 연결되어 있으므로 전체 합성 저항은 10Ω이 된다. 따라서 전체 전류 I=20/10=2A가 된다.

12. R_3에 흐르는 전류 i_3는? 단, R_1=2, R_2=R_3=1Ω이다.
1) 1A
2) 2A
3) 3A
4) 4A

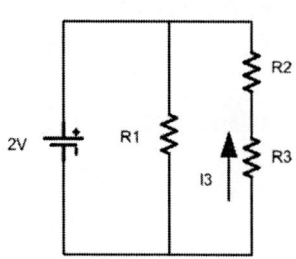

☞ R_2와 R_3는 1Ω이 직렬로 연결되어 있으므로 2Ω이 된다. 그리고 R_1과 병렬이므로 전체 합성 저항은 1Ω이 되고, 전체 전류는 2V/1Ω=2A가 되고, 이 전류는 각 저항에 1A씩 분배된다.

13. 단위가 틀린 것은?
1) 전류; A
2) 전압; V
3) 저항; W
4) 커패시턴스; C

14. 사인파의 피크 전압(V_p)과 rms와의 관계는?
1) $V_{rms} = 0.407V_p$
2) $V_{rms} = 0.507V_p$
3) $V_{rms} = 0.607V_p$
4) $V_{rms} = 0.707V_p$

15. 구형파의 최대치가 A일 때, 실효값은?
1) 0.707A
2) 0.9A
3) A
4) 1.4A

16. 교류 전압의 실효값이 200V인 경우에 최대치는?
1) 200V
2) 260V
3) 282V
4) 400V

☞ 최대치는 실효치의 1.414배이므로 200×1.414=282V이다.

17. 다음 신호의 rms 값은?
1) 1.4volt
2) 1.8volt
3) 2volt
4) 4volt

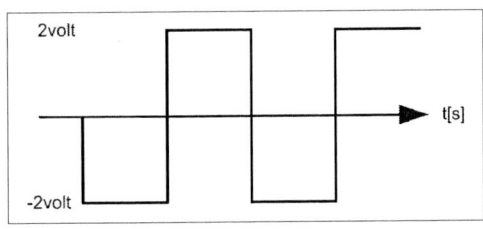

☞ 구형파는 최대치와 실효치가 같다.

18. 교류 신호의 peak to peak 전압이 200V이면 실효값은?
1) 68V
2) 70V
3) 141V
4) 150V

☞ 최대치는 100V이므로 실효치는 100×0.707=70V이다.

19. 사인파의 피크 전압이 10V이면 실효값은?
1) 4.07V 2) 5.07V 3) 6.07V 4) 7.07V
☞ 실효치는 10×0.707=7.07V이다.

20. 다음 파형의 실효값은?
1) 70V 2) 100V 3) 114V 4) 200V

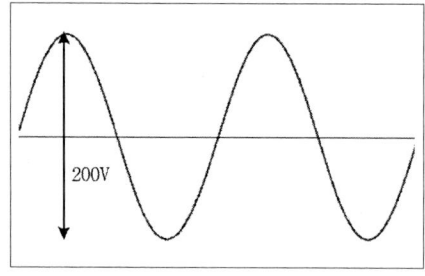

☞ 최대치는 100V이므로 실효치는 100×0.707=70V이다.

21. 4Ω의 저항에 최대치 8V의 정현파를 가한 경우에 이 저항에서 소비되는 전력은?
1) 2W 2) 4W 3) 8W 4) 16W
☞ 전압의 최대값이 8V이므로 실효값은 8×0.707=5.7V이다. 따라서 $P=E^2/R=5.7^2/4=8W$이다.

22. 8W의 저항에 실효치 8V의 정현파를 가한 경우에 이 저항에서 소비되는 전력은?
1) 2W 2) 4W 3) 8W 4) 16W
☞ $P=E^2/R=8^2/8=8W$

23. 피크 팩터의 정의는?
1) $F_c = 2V_{peak} / V_{rms}$
2) $F_c = V_{peak}^2 / V_{rms}$
3) $F_c = V_{peak} / V_{rms}$
4) $F_c = V_{peak} / V_{rms}^2$

24. 피크 팩터의 정의는?
1) 실효값/최대값 2) 최대값/실효값 3) 평균값/실효값 4) 최대값/평균값

25. 피크 팩터가 가장 작은 것과 큰 것을 조합한 것은?
1) 핑크 잡음/팝 음악 2) 사인파/구형파 3) 사인파/음성 4) 구형파/클래식 음악

26. 피크 팩터가 가장 작은 것은?
1) MLS   2) 사인파   3) 음성   4) 음악
☞ MLS(maximum lenth sequence) 신호는 구형파와 같으므로 피크 팩터가 1이다.

27. 피크 팩터가 가장 작은 신호는?
1) sine wave   2) pink noise   3) white noise   4) brown noise

28. 신호별 피크 팩터에 대한 설명 중에서 잘못된 것은?
1) 음성의 피크 팩터는 12dB 정도이다.
2) 사인파의 피크 팩터는 6dB이다.
3) 클래식 음악의 피크 팩터는 25dB 정도이다.
4) 록 음악의 피크 팩터는 10dB 정도이다.

29. 핑크 노이즈의 피크 팩터는?
1) 3dB   2) 6dB   3) 12dB   4) 15dB

30. 최대값이 10V이고, 실효값이 5V인 신호의 피크 팩터는?
1) 0.5   2) 1   3) 2   4) 3
☞ F_c =최대값/실효값 = 10/5 = 2

31. 피크 팩터가 가장 작은 신호는?
1) sine wave   2) pink noise   3) music   4) speech

32. 최대값이 80V이고 실효 값이 50V인 신호의 피크 팩터는?
1) 2dB   2) 4dB   3) 6dB   4) 8dB
☞ 20log(80/50) = 4dB

33. 사인파의 피크 팩터는?
1) 1dB   2) 3dB   3) 5dB   4) 10dB

34. 피크 팩터가 가장 큰 것은?
1) 사인파   2) 구형파   3) 음성   4) 음악

35. Volume Unit 미터는 신호의 어떤 값을 지시하는가?
1) 실효값   2) 최대치   3) 순간치   4) 평균치

36. 피크 미터와 VU 미터의 지시가 똑 같은 레벨을 지시하는 신호는?
1) 구형파   2) 트럼펫 음   3) 핑크 잡음   4) 음성

37. 전기 회로에서 임피던스의 단위는?
1) V   2) Ω   3) A   4) W

38. 임피던스(Z)를 나타내는 식은?
1) $Z = 1 / [R^2+(X_L-X_C)^2]^{1/2}$
2) $Z = [R^2+(X_L-X_C)^2]^2$,
3) $Z = [R^2+(X_L-X_C)^2]^{1/2}$
4) $Z = R^2+(X_L-X_C)^2$

39. 다음 회로의 임피던스는?
1) 10Ω   2) 20Ω   3) 40Ω   4) 50Ω

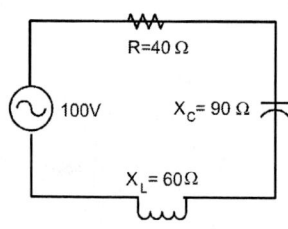

☞ $Z = \sqrt{40^2+(60-90)^2} = \sqrt{40^2+30^2} = 50Ω$

40. 다음 회로의 임피던스는?
1) 40Ω   2) 50Ω   3) 64Ω   4) 68Ω

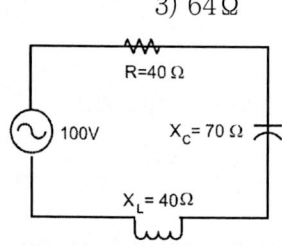

41. 임피던스가 Z=3+j4(Ω)인 회로에 V=6+j8(V)를 가하면 얼마의 전류가 흐르는가?
1) 1A			2) 2A			3) 3A			4) 4A

☞ $Z = \sqrt{3^2+4^2} = 5\Omega, \; V = \sqrt{6^2+8^2} = 10V, \; I = V/Z = 10/5 = 2A$

42. 전류는 I=3+j4A이고, 전압은 V=10+j15V이면 임피던스는?
1) 3.6Ω			2) 4.7Ω			3) 5.2Ω			4) 5.8Ω

43. 음향 기기 간의 출력과 입력 임피던스를 같게 하는 것은?
1) 감도 매칭		2) 레벨 매칭		3) 댐핑 팩터 매칭	4) 임피던스 매칭

44. 임피던스 매칭의 의미는?
1) 입출력 임피던스를 같게 하여 최대 파워를 전달하는 것이다.
2) 출력 임피던스를 입력 임피던스보다 크게 한다.
3) 입력 임피던스를 출력 임피던스보다 5배 이상으로 한다.
출력 임피던스를 입력 임피던스보다 작게 한다.

45. 2V와 10V의 레벨 차는 몇 dB인가?
1) 7dB			2) 14dB			3) 20dB			4) 25dB

☞ 20log(10/2)=14dB

46. 전력의 데시벨을 나타내는 식은?
1) $1/10\log(W_2/W_1)$	2) $\log(W_2/W_1)$	3) $20\log(W_2/W_1)$	4) $10\log(W_2/W_1)$

47. 1W 기준에 대한 50W의 파워 레벨은?
1) 15dB			2) 17dB			3) 20dB			4) 25dB

☞ 10log(50/1)=17dB

48. 어떤 전압 신호가 6dB 변하였다면, 출력 전압은 얼마인가? 여기에서 기준 전압은 0.7V이다.
1) 0.7V			2) 1.2V			3) 1.4V			4) 2.1V

49. 앰프의 입력 전압은 1V이고, 입력 임피던스는 600Ω이다. 출력 전압은 1V이고 출력 임피던스는 15Ω일 때, 앰프의 이득은?

1) 16dB   2) 20dB   3) 25dB   4) 30dB

☞ 입력 $P=E^2/R=1/600W$, 출력 $P=E^2/R=1/15W$, 따라서 $10\log(600/15)=10\log40=16dB$

50. 입력 임피던스가 600Ω이고 출력 부하가 8Ω인 앰프가 있다. 0.775V가 입력되어 40V가 출력되면, 앰프의 출력 이득은?

1) 30dB   2) 40dB   3) 45dB   4) 53dB

☞ 입력= $0.775^2/600$ =0.001W, 출력=$40^2/8$=200W
    전력 비 = 200/0.001=200,000, 데시벨로 나타내면 $10\log200,000=53dB$가 된다.

51. 1W 기준에 대한 100W의 파워 레벨은?

1) 10dB   2) 20dB   3) 30dB   4) 40dB

☞ $10\log(100/1)=20dB$

52. 앰프의 이득이 50dB인 것 2대를 케스케이드로 연결하면 전체 이득은?

1) 53dB   2) 100dB   3) 200dB   4) 400dB

☞ 50dB+50dB=100dB

53. 1W 기준에 대한 4mW의 파워 레벨은?

1) -20dB   2) -24dB   3) -30dB   4) -40dB

☞ $10\log(4\times10^{-3}/1)=-24dB$

54. 1mW를 기준으로 하는 데시벨은?

1) dBW   2) dBu   3) dBm   4) dBV

55. 10V는 몇 dBV인가?

1) 1dBV   2) 10dBV   3) 20dBV   4) 1dBV

56. 0.775V를 기준으로 하는 데시벨은?

1) dBW   2) dBu   3) dBm   4) dBV

57. 0dBW의 기준 레벨은?
1) 0.1mW
2) 1W
3) 1mW
4) 10W

58. 1.23V는 몇 dBu인가?
1) 0dBu
2) 1dBu
3) 4dBu
4) 6dBu

59. dBu의 기준 레벨은?
1) 0.775mW
2) 0.775V
3) 1V
4) 1W

60. 0dBV의 기준 레벨은?
1) 1V
2) 2V
3) 5V
4) 10V

61. PA 음향 기기의 기준 레벨은?
1) 0dB
2) 4dBu
3) 8dBu
4) 10dBm

62. +4dBu의 신호를 0dBV로 변환하기 위해 얼마나 증폭해야 하는가?
1) 약 0.5배
2) 약 0.8배
3) 약 1.2배
4) 약 2.4배

☞ 4dBu는 1.23V이고, 0dBV는 1V이므로 1/1.23 = 0.8배 증폭해야 한다.

63. 0dBV의 신호를 0dBu로 변환하려면 몇 배 증폭해야 하는가?
1) 0.77배
2) 1.3배
3) 1.6배
4) 1.8배

64. 콘덴서의 리액턴스(X_c)를 나타내는 식은?
1) $X_c = 1/2\pi f^2 C$
2) $X_c = 1/2\pi f C$
3) $X_c = 1/2\pi f C^2$
4) $X_c = 2\pi f C$

65. 코일의 리액턴스(X_L)를 나타내는 식은?
1) $X_L = 2\pi f L$
2) $X_L = 2\pi f^2 L$
3) $X_L = 1/2\pi f L$
4) $X_L = 2\pi f L^2$

66. 1kHz의 교류를 1mH의 코일에 흘린 경우 코일의 리액턴스는?
1) 6.28Ω
2) 62.8Ω
3) 628Ω
4) 6.28kΩ

☞ $X_L = 2 \times 3.14 \times 1000 \times 0.001 = 6.28Ω$

67. 10kHz의 교류를 10μF의 콘덴서에 흘린 경우 콘덴서의 리액턴스는?
1) 1.6Ω   2) 16Ω   3) 160Ω   4) 1.6kΩ
☞ $X_C = 2×3.14×10,000×0.00001 = 1.6Ω$

68. 콘덴서 회로에 대한 설명 중에서 틀린 것은?
1) 리액턴스는 주파수가 높아질수록 작아진다.
2) 전류가 전압보다 위상이 90도 앞선다.
3) 주파수가 높아질수록 전류가 잘 흐른다.
4) 전압과 전류의 위상이 같다.

69. 콘덴서 회로에서 교류 전압의 주파수를 높여 가면 전류의 크기는 어떻게 변하는가?
1) 커진다   2) 작아진다   3) 일정하다   4) 커졌다 작아진다

70. 코일 회로에서 교류 전압의 주파수를 낮추어 가면 전류의 크기는 어떻게 변하는가?
1) 커진다   2) 작아진다   3) 일정하다   4) 커졌다 작아진다

71. 고역 신호만 차단시키는 필터는?
1) 저역 저지 필터   2) 저역 통과 필터   3) 대역 통과 필터   4) 고역 통과 필터

72. 고역 신호만 차단시키는 필터는?
1) 저역 저지 필터   2) 저역 통과 필터   3) 대역 통과 필터   4) 고역 통과 필터

73. 저역 신호만 차단시키는 필터는?
1) 대역 저지 필터   2) 저역 통과 필터   3) 대역 통과 필터   4) 고역 통과 필터

74. 어느 특정 대역만 통과시키는 필터는?
1) LPF   2) HPF   3) BRF   4) BPF

75. 필터의 기울기를 나타내는 단위는?
1) dB/oct   2) V/oct   3) oct/dB   4) mV/s

76. 필터의 기울기를 나타내는 단위는?
1) dB/dec   2) V/oct   3) oct/dB   4) dec/s
☞ dec는 decade 약자이며, 주파수가 10배가 되는 것을 의미한다.

77. Bessel 필터의 차단 주파수 정의는 통과 대역보다 몇 dB 떨어진 값인가?
1) −1dB   2) −2dB   3) −3dB   4) −6dB

78. 2차 Linkwitz-Riley 필터의 기울기는?
1) −12dB/oct   2) −12dB/decade   3) −18dB/decade   4) −24dB/oct

79. 다음 Bessel 필터의 차단 주파수는 몇 Hz인가?
1) 500Hz   2) 1000Hz   3) 2000Hz   4) 4000Hz

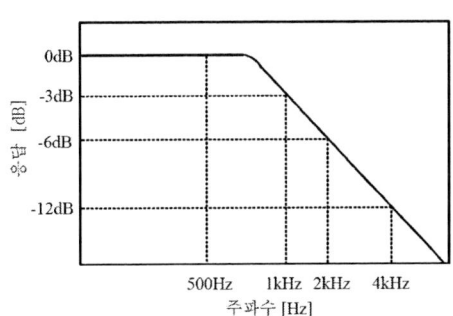

80. 버터워스 필터에 대한 설명 중에서 적절한 것은?
1) 통과 대역 내에서 특성이 가장 평탄하다.
2) 베슬 필터보다 위상 특성이 좋다.
3) 과도 특성이 베슬 필터보다 좋다.
4) 그룹 딜레이 특성이 베슬 필터보다 좋다.

81. 2차 Bessel filter의 기울기는?
1) −12dB/oct   2) −12dB/decade   3) −24dB/oct   4) −24dB/decade

82. 4차 Bessel filter의 기울기는?
1) −6dB/oct   2) −12dB/oct   3) −18dB/oct   4) −24dB/oct

83. 2차 버터워스 필터의 기울기는?
1) -12dB/oct   2) -12dB/decade   3) -24dB/oct   4) -24dB/decade

84. 4차 버터워스 필터의 기울기는?
1) -6dB/oct   2) -12dB/oct   3) -18dB/oct   4) -24dB/oct

85. Linkwitz-Riley 필터의 특성에 관한 설명 중에서 잘못된 것은?
1) 기울기가 급격하다.
2) 차단 주파수는 -6dB 지점이다.
3) 오디오 주파수 대역에서 정전압 특성이다.
4) 선형 위상 특성이다.

86. Linkwitz-Riley 필터의 차단 주파수에서의 이득은?
1) -3dB   2) -5dB   3) -6dB   4) -9dB

87. 2차 필터는 차단 주파수에서 위상은 얼마나 변하는가?
1) 45도   2) 90도   3) 135도   4) 180도

88. Linkwitz-Riley 필터의 특성에 관한 설명 중에서 잘못된 것은?
1) 전 주파수 대역에서 입출력 위상이 같다.
2) 차단 주파수는 -6dB 지점이다.
3) 오디오 주파수 대역에서 이득이 1이다.
4) 두 개의 베슬 필터를 병렬로 연결하여 만든다.

89. 4차 필터는 차단 주파수에서 위상은 얼마나 변하는가?
1) 45도   2) 90도   3) 135도   4) 180도

90. 베셀 필터에 대한 설명 중에서 적절한 것은?
1) 통과 대역의 특성이 가장 평탄하다.
2) 체비세프 필터보다 위상 특성이 좋지 않다.
3) 차단 주파수에서 지연이 적다.
4) 그룹 딜레이 특성이 평탄하다.

91. 노치 필터(notch filter)에 대한 설명 중에서 부적절한 것은?
1) 특정 주파수 대역을 차단한다.
2) 대역 통과 필터와 저역 통과 필터를 조합해서 구성한다.
3) 노치 필터의 이득은 일반적으로 −30dB 정도이다.
4) Q가 크면 청감적으로 노치 필터의 영향을 구분할 수 없다.

92. Butterworth 필터의 차단 주파수에서 이득은?
1) −3dB   2) −5dB   3) −6dB   4) −9dB

93. 다음 회로는 무슨 필터인가?
1) 저역 통과 필터   2) 고역 통과 필터   3) 대역 통과 필터   4) 대역 저지 필터

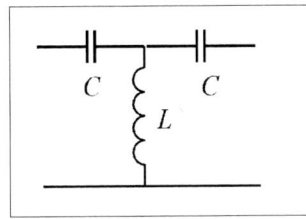

94. 다음 회로는 무슨 필터인가?
1) high pass filter   2) low pass filter   3) band pass filter   4) band reject filter

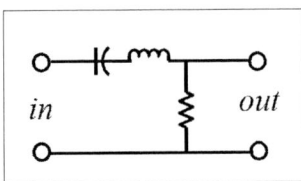

95. 다음 회로는 무슨 필터인가?
1) 저역 통과 필터   2) 고역 통과 필터   3) 대역 통과 필터   4) 대역 저지 필터

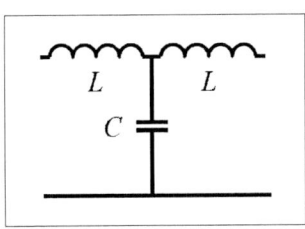

96. 4차 Linkwitz-Riley 필터의 기울기는?
1) 6dB/oct
2) 12dB/oct
3) 18dB/oct
4) 24dB/oct

97. 밴드 패스 필터에서 중심주파수(f_c)를 구하는 식은?
1) $f_c = f_1 \times f_2$
2) $f_c = (f_1 \times f_2)^{1/2}$
3) $f_c = (f_1 \times f_2)^{1/3}$
4) $f_c = (f_1 \times f_2)^2$

98. 밴드 패스 필터의 대역 폭을 가변할 수 있는 파라미터는?
1) 중심 주파수
2) 차단 주파수
3) 진폭
4) 품질 팩터

99. 밴드 패스 필터의 품질 팩터는?
1) 품질 팩터= 1 / (중심 주파수/대역폭)
2) 품질 팩터=중심 주파수 - 대역폭
3) 품질 팩터=중심 주파수×대역폭
4) 품질 팩터=중심 주파수/대역폭

100. 중심 주파수가 500Hz이고, 대역폭이 250Hz인 밴드 패스 필터의 품질 팩터(Q)는?
1) 0.5
2) 1
3) 2
4) 3

☞ Q = 500 / 250 = 2

101. 중심 주파수가 1,000Hz이고 차단 주파수 대역이 891~1,123Hz이면, 품질 팩터(Q)는?
1) 2.5
2) 4.3
3) 6.5
4) 8.6

☞ $Q = \dfrac{1000}{1123-891} = 4.31$

102. 대역 통과 필터의 차단 주파수가 550Hz와 600Hz일 경우의 중심 주파수(fc)는?
1) 560Hz
2) 574Hz
3) 584Hz
4) 594Hz

☞ $f_c = \sqrt{f_1 \cdot f_2} = \sqrt{550 \cdot 600} = 574 Hz$

103. 1/3 옥타브 대역 필터의 저역 차단 주파수는 446Hz이면, 고역 차단 주파수는?
1) 561Hz
2) 714.4Hz
3) 666Hz
4) 802.7Hz

☞ $f_2 / f_1 = 2^n$의 관계에서 1/3 옥타브이므로 $f_2/f_1 = 2^{\frac{1}{n}} \to f_2 = f_1 \cdot \sqrt[3]{2} = 446 \cdot \sqrt[3]{2} = 561Hz$

96) 4 97) 2 98) 4 99) 4 100) 3 101) 2 102) 2 103) 1

104. 어느 대역 필터의 저역 차단 주파수는 20Hz이고, 고역 차단 주파수는 저역 차단 주파수보다 10 옥타브 높을 때 고역 차단 주파수는?
1) 1,2342Hz　　　　2) 1,3450Hz　　　　3) 1,9860Hz　　　　4) 2,0480Hz

☞ $f_2/f_1 = 2^n \rightarrow f_2/20 = 2^{10} \rightarrow f_2 = 20 \cdot 2^{10} = 20 \cdot 1024 = 20,480 Hz$

105. 1 옥타브 대역 필터의 중심 주파수가 2500Hz이면, 저역 차단 주파수는?
1) 1,324Hz　　　　2) 1,768Hz　　　　3) 1,786Hz　　　　4) 1,945Hz

☞ $f_c = \sqrt{f_1 \cdot f_2} = \sqrt{f_1 \cdot 2f_1} = \sqrt{2} \cdot f_1 \rightarrow f_1 = 2500/1.414 = 1768 Hz$

106. 1kHz, 85dB의 두 신호의 위상 차가 90도이면 두 신호의 합의 레벨은?
1) 85dB　　　　2) 88dB　　　　3) 91dB　　　　4) 94dB

107. 2kHz, 90dB 사인파의 위상이 90도이면, 두 신호의 합성 레벨은?
1) 90dB　　　　2) 93dB　　　　3) 96dB　　　　4) 98dB

108. 1kHz, 90dB의 두 사인파가 동위상이면, 두 음의 합성 레벨은?
1) 90dB　　　　2) 93dB　　　　3) 96dB　　　　4) 180dB

109. 1kHz, 85dB의 두 신호의 위상 차가 120도이면, 두 신호의 합의 레벨은?
1) 85dB　　　　2) 88dB　　　　3) 91dB　　　　4) 94dB

110. 두 신호의 위상 차가 180도일 때 리사주 패턴은?

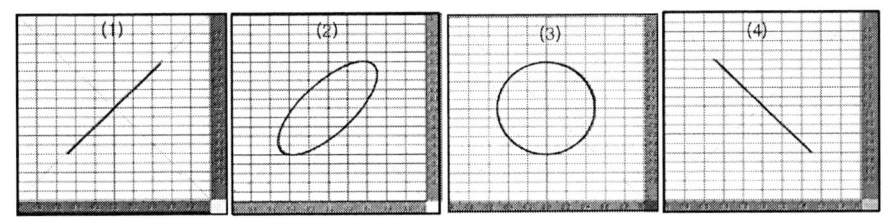

☞ (a)는 위상차가 0도, (b)는 45도, (c)는 90도, (d)는 180도 일때의 리사주 패턴이다.

111. 다음 리사주 패턴은 두 신호 간의 위상 차가 얼마인가?
1) 0도　　　　2) 60도　　　　3) 90도　　　　4) 180도

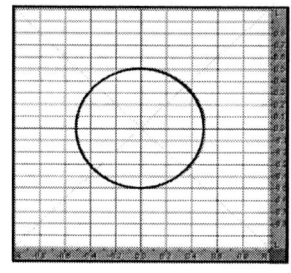

112. A신호와 B신호의 위상 차는?

1) 15도 2) 30도 3) 60도 4) 90도

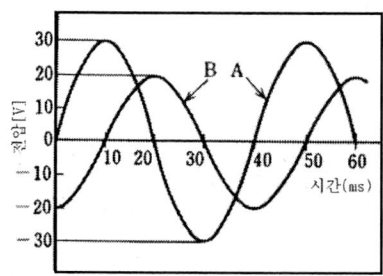

☞ 1사이클이 360도이고, 여기에서는 두 파형이 1/4 사이클 차이므로 90도 위상 차가 있다.

113. 음향 시스템의 입출력 간의 위상 특성에서 입력과 출력 신호의 시간 차는?

1) 1ms 2) 2ms 3) 3ms 4) 4ms

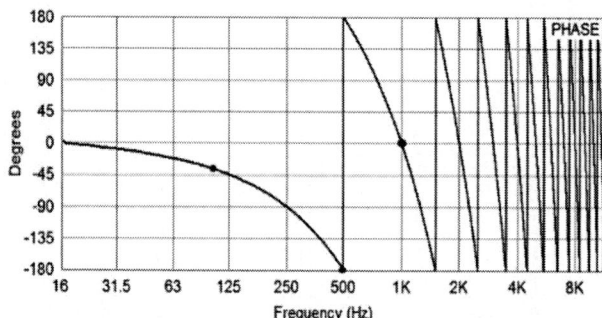

☞ $t = \dfrac{\theta}{360} \times \dfrac{1}{f} = \dfrac{180}{360} \times \dfrac{1}{500} = 0.001s = 1ms$

114. 1,000Hz에서 두 신호의 위상차가 120도이면, 두 신호의 시간 지연은?

1) 0.3ms 2) 0.5ms 3) 3ms 4) 5ms

115. 다음 설명 중에서 틀린 것은?
1) 도체의 저항은 도체의 길이에 비례하고, 단면적에 반비례한다.
2) 두 신호의 위상 차가 0°이면 리사주 파형은 일직선이 된다.
3) PA 음향 기기의 표준 레벨은 4dBu이다.
4) 사인파의 피크 팩터는 6dB이다.

116. 다음 설명 중에서 틀린 것은?
1) 정현파의 실효값은 최대치의 0.707배이다.
2) 구형파의 피크 팩터는 0dB이다.
3) 코일의 리액턴스는 주파수와 무관하다.
4) 두 신호의 위상 차가 90°이면 리사주 파형은 원형이 된다.

117. 음향 기기의 주파수 특성을 나타낼 때, liner scale을 사용하지 않고 log scale을 사용하는 이유는?
1) 인간의 청각 특성   2) 관습   3) 사용이 편리   4) 덧셈이 가능

14. 공간 음향

1. 잔향 시간의 설명 중에서 부적절한 것은?
1) 음원이 정지된 후 음압 레벨이 -60dB 감쇠되는 시간이다.
2) 잔향 시간은 체적에 비례한다.
3) 잔향 시간은 흡음력에 반비례한다.
4) 잔향 시간이 1.5초인 공간은 0.5초인 공간보다 더 울린다.

☞ 잔향 시간(reverberation time; RT)은 음원이 정지된 후에 정상 상태의 음의 에너지가 100만분의 1까지 떨어질 때까지의 시간 또는 음압 레벨이 -60dB($=10\log10^{-6}$) 떨어질 때까지의 시간을 말한다. 잔향 시간은 실내의 체적에 비례하고, 흡음력에 반비례한다. 잔향 시간이 길면 실내가 울리고, 짧으면 울리지 않는다. 울리는 정도는 잔향 시간보다 흡음률과 관계되고, 0.25 이하이면 많이 울리고(live), 0.25 이상이면 울리지 않는다(dead). 잔향 시간을 계산하는 공식은 다음과 같이 4종류가 있다. 표 14.1에는 잔향 공식의 종류와 특징을 나타낸다.

[표 14.1] 잔향 공식의 종류와 적용 예

제안자	잔향 공식	특 징
Sabine	$RT = \dfrac{0.161 \cdot V}{S\bar{a}}$ (s)	흡음률이 0.2 이하인 경우 이론치와 실측치가 잘 맞는다.
Eyring	$RT = \dfrac{0.161 \cdot V}{-S \cdot \ln(1-\bar{a})}$ (s)	흡음률이 0.2 이상인 경우 이론치와 실측치가 잘 맞는다.
Kundesen	$RT = \dfrac{0.161 \cdot V}{-S \cdot \ln(1-\bar{a}) + 4mV}$ (s)	공기의 감쇠를 고려
Fitzroy	$RT = \dfrac{0.161 \cdot V}{S^2}\left(\dfrac{2XY}{-\ln(1-\alpha XY)} + \dfrac{2XZ}{-\ln(1-\alpha XZ)} + \dfrac{2YZ}{-\ln(1-\alpha YZ)}\right)$ (s)	흡음재 분산 배치되어 있지 않고, 집중 배치된 실내
비고	RT ; 잔향 시간, V : 체적, S : 표면적, $\bar{\alpha}$; 평균 흡음률, m ; 공기의 감쇠율	

2. 체적이 1000m³이고, 표면적이 600m², 흡음률이 0.13인 공간의 Sabine 잔향 시간은?
1) 1.2초
2) 2.0초
3) 2.2초
4) 2.5초

☞ $RT = \dfrac{0.161 \cdot 1000}{600 \cdot 0.13} = 2s$

3. 실내가 라이브한 공간에서는 어느 잔향 공식을 적용하는 것이 적절한가?
1) Sabine   2) Fitzroy   3) Knudsen   4) Eyring

4. 잔향 시간 공식 중에서 공기 흡음을 고려한 식은?
1) Sabine   2) Fitzroy   3) Knudsen   4) Eyring

5. 잔향 시간과 관계가 없는 것은?
1) 체적   2) 면적   3) 흡음률   4) 차음률

6. 잔향 시간과 거리가 가장 먼 것은?
1) 인테리어 자재 2) 공간의 크기   3) 음원의 레벨   4) 관객 수

7. 실내 크기가 $8 \times 14.5 \times 8.8 m^3$이고 평균 흡음률이 0.31이면, Sabine 잔향 시간은?
1) 0.56초   2) 0.84초   3) 0.92초   4) 1.23초

8. 실내에 흡음재와 반사재가 집중적으로 서로 다른 벽면에 배치되어 있는 경우에 어떠한 잔향 공식을 적용하는 것이 좋은가?
1) Sabine   2) Fitzroy   3) Knudsen   4) Eyring

9. 어떤 강의실의 크기가 폭 12m, 길이 20m, 높이 7m이다. 천장이나 벽 등의 흡음률은 다음 표와 같다. Eyring의 잔향 시간은?
1) 0.78초   2) 1.34초   3) 1.5초   4) 1.7초

재료	흡음률 a	치수	면적	Sa
바닥	0.6	20 × 12	240m²	144
합판(천장)	0.2	20 × 12	240m²	48
커튼 (벽)	0.55	12 × 7	84 m²	46.2
석고보드(벽)	0.04	20 × 7	140m²	5.6
석고 보드(벽)	0.04	20 × 7	140m²	5.6
음향 타일(벽)	0.5	12 × 7	84 m²	42
			928m²	291.4

☞ $V = 12 \times 20 \times 7 = 1680 m^3$, $\bar{a} = 291.4/928 = 0.31$

$RT = (0.131 \cdot 1680)/(-928 ln(1-0.31)) = 0.78s$

10. 바닥 면적이 $10 \times 7m^2$이고, 높이가 5m인 실내의 흡음률이 바닥 0.2, 천장 0.07, 벽 0.05이면, Sabine 잔향 시간은?

    1) 1.5초   2) 1.8초   3) 2.1초   4) 2.5초

☞ $V = 10 \times 7 \times 5 = 350\ m^3$, $S = (10 \times 7) \times 2 + (5 \times 7) \times 2 + (10 \times 5) \times 2 = 310\ m^2$

$\bar{\alpha} = \{(10 \times 7) \times 0.2 + (10 \times 7) \times 0.07 + (5 \times 7) \times 2 \times 0.05 + (10 \times 5) \times 2 \times 0.05\}/310 = 0.088$

$RT = \dfrac{0.161 \cdot 350}{310 \cdot 0.088} = 2.1s$

11. 어느 강당의 크기가 폭 10m, 길이 10m, 높이 10m이다. 평균 흡음률이 0.2이면, Sabine 잔향 시간은? 2

    1) 0.7초   2) 1.34초   3) 1.4초   4) 1.85초

☞ $V = 10 \times 10 \times 10 = 1000\ m^3$, $S = (10 \times 10) \times 6 = 600\ m^2$, $RT = \dfrac{0.161 \cdot 1000}{600 \cdot 0.2} = 1.34s$

12. 설명 중에서 틀린 것은?
1) 잔향감은 잔향 시간과 관계가 있다.
2) 잔향감은 흡음률과 관계가 있다.
3) 잔향 시간으로 모든 실내 음향 특성이 결정된다.
4) 체적을 2배로 하거나 흡음률을 1/2로 하면 잔향 시간은 같지만 음향 효과가 다르다.

13. 실내 표면적이 $300m^2$이고, 이 중에서 $100m^2$는 흡음률이 0.4이고 나머지는 0.2이면 평균 흡음률은?

    1) 0.12   2) 0.21   3) 0.27   4) 0.33

☞ $\bar{\alpha} = \dfrac{100 \cdot 0.4 + 200 \cdot 0.2}{100 + 200} = 0.27$

14. 어느 건축 자재의 반사율이 0.25이면 흡음률은?

    1) 0.55   2) 0.65   3) 0.75   4) 0.85

15. 크기가 $3 \times 3 \times 3m^3$의 공간의 잔향 시간이 2.9초이면, 이 공간의 평균 흡음률은?

    1) 0.028   2) 0.28   3) 0.3   4) 0.4

☞ $\bar{a} = \dfrac{0.161 \cdot 27}{2.9 \cdot 54} = 0.028$

16. 벽의 흡음률은 0.08, 바닥은 0.05, 천장은 0.6이면 평균 흡음률은?
1) 0.12　　　　　2) 0.25　　　　　3) 0.29　　　　　4) 0.33

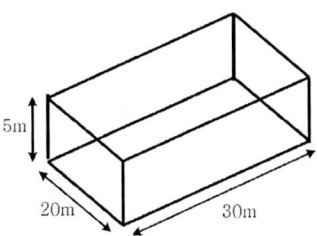

☞ [{(30×5)×2×0.08}+{(20×5)×2×0.08}+{(20×30)×0.05}+{(20×30)×0.6}] /
　[{(30×5)×2}+{(20×5)×2}+{(20×30)×2}]= 0.25

17. 실내의 크기가 $18 \times 12 \times 5m^3$인 콘서트 홀에 청중이 50명 있다. 이 홀의 흡음률이 천장 0.2, 벽 0.15, 바닥 0.12이면 Sabine 잔향 시간은? 청중 1인당 흡음력은 $0.5m^2$이다.
1) 0.98　　　　　2) 1.25　　　　　3) 1.36　　　　　4) 2.1

☞ 홀의 흡음력 A1= [0.2(18×12)+0.12(18×12)×2+0.15(18×5)×2+0.15(12×5)×2]=114.12m^2
　청중의 흡음력 A2= 0.5×50= 25m^2
　전체 흡음력 A=A1+A2= 114.12+25= 139.12m^2

$$RT = \dfrac{0.161 \cdot (18 \times 12 \times 5)}{139.12} = 1.25s$$

18. 바닥 면적이 $5.98 \times 6.1m^2$이고, 높이가 3.66m인 실내의 바닥의 흡음률은 0.2, 벽의 흡음률은 0.45, 천장의 흡음률은 0.6이면, 실내의 평균 흡음률은?
1) 0.23　　　　　2) 0.32　　　　　3) 0.43　　　　　4) 0.49

☞ $\bar{a}$={(5.98×6.1)×0.2+(5.98×6.1)×0.6+(5.98×3.66)×2×0.45+(6.1×3.66)×2×0.45}/(5.98×6.1)×2+
　(5.98×3.66)×2+(6.1×3.66)×2}=0.43

19. 일반적으로 클래식 음악 전용 홀의 평균 흡음률은 어느 정도가 적절한가?
1) 0.1　　　　　2) 0.2　　　　　3) 0.3　　　　　4) 0.4 이상

20. 녹음용 스튜디오의 평균 흡음률로 적절한 것은?
1) 0.1　　　　　2) 0.2　　　　　3) 0.35　　　　　4) 1.0

21. 다목적 홀의 평균 흡음률은 어느 정도가 적절한가?
1) 0.1　　　　　2) 0.2　　　　　3) 0.25　　　　　4) 0.3

22. 실내가 데드하다는 것은 흡음률이 얼마 이상인 경우인가?
1) 0.1　　　　　2) 0.15　　　　　3) 0.2　　　　　4) 0.3

23. 잔향감과 가장 관련이 많은 것은?
1) 흡음률　　　　2) 잔향 시간　　　3) 공간의 크기　　4) 지연 시간

24. 평행한 반사면 평면에서 발생되기 쉬운 음향 장해 현상은?
1) 에코　　　　　2) 플러터 에코　　3) 잔향　　　　　4) 음향 초점

25. 콘서트 홀과 리스닝 룸의 음향 특성의 차이가 아닌 것은?
1) 직접음 대 잔향음의 레벨 비　　2) 초기 지연 시간　　3) 정재파　　4) 음향 초점

26. 평균 흡음률이 0.4이고, 표면적이 600m²인 공간의 실내 정수는?
1) 350m²　　　　2) 400m²　　　　3) 600m²　　　　4) 700m²

☞ $R = \dfrac{S\bar{\alpha}}{1-\bar{\alpha}} = \dfrac{600 \cdot 0.4}{1-0.4} = 400 m^2$

27. 실내 정수에 대한 설명으로 맞는 것은?
1) 정수가 작으면 라이브 음장이다.　　　2) 정수는 흡음률에 반비례한다.
3) 정수는 잔향 시간에 비례한다.　　　　4) 정수가 무한대이면 완전 반사이다.

28. 바닥 15×20m², 높이 3m인 공간의 잔향 시간이 2초이면 실내 정수는?
1) 70m²　　　　　2) 75m²　　　　　3) 80m²　　　　　4) 90m²

☞ $\alpha = \dfrac{0.161 \cdot 900}{2 \cdot 810} = 0.089$, $R = \dfrac{S\bar{\alpha}}{1-\bar{\alpha}} = \dfrac{810 \cdot 0.089}{1-0.089} = 80 m^2$

29. $20 \times 15 \times 5m^3$ 공간의 바닥과 천장의 흡음률은 0.1이고, 벽의 흡음률은 0.3이면 실내 정수는?
1) $100m^2$ 2) $150m^2$ 3) $200m^2$ 4) $250m^2$

☞ $R = \dfrac{S\bar{a}}{1-\bar{a}} = \dfrac{950 \cdot 0.174}{1-0.174} = 200 m^2$

30. 다음과 같은 임펄스 리스폰스는 어느 공간으로 예측되는가?
1) 스튜디오 2) 강당 3) 체육관 4) 다목적 홀

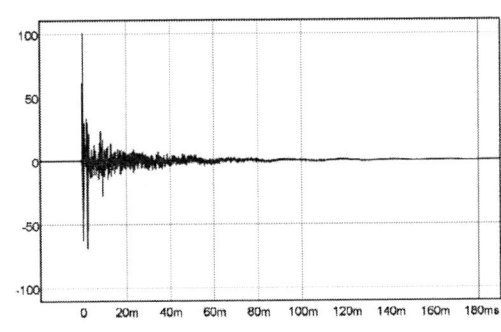

31. 반사음이 에코로서 지각되는 요인이 아닌 것은?
1) 반사음 레벨 2) 반사음 시간 3) 반사음 도래 방향 4) 잔향

32. 좌석이 1000석인 어느 실내의 반사음 패턴으로부터 예측되지 않은 것은?
1) 실내 반사음이 많아서 명료하지 않다.
2) 지향성이 좁은 스피커를 사용하여 측정한 결과이다.
3) 직접음 대 잔향음 레벨 비가 낮다.
4) 잔향 시간은 3초 이상이다.

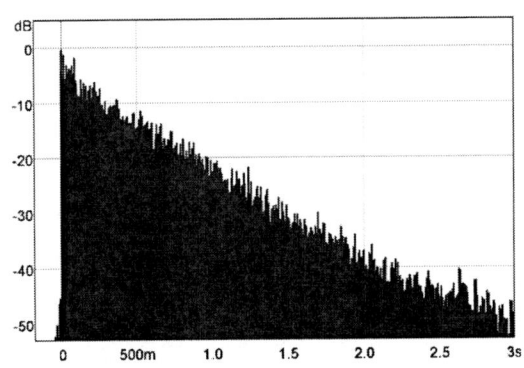

33. 근거리 음장에 대한 설명 중에서 맞는 것은?
1) 역자승 법칙이 성립된다.
2) 순시 음압과 순시 입자 속도가 동위상이 아니다.
3) 음원과 아주 먼 거리에서 생기는 음장이다.
4) 거리가 배가 되면 음압 레벨이 3dB씩 감쇠된다.

34. 설명 중에서 맞는 것은?
1) 다목적 홀은 확산 음장을 만들기 쉽다.
2) 완전 확산 음장 홀은 없다.
3) 다목적 홀에서는 역자승 법칙이 성립된다.
4) 직접음과 17ms 이상의 반사음이 입사되면 에코가 된다.

35. 설명 중에서 맞는 것은?
1) RASTI가 클수록 음질도 좋아진다
2) 잔향이 많은 공간에서는 음성 레벨을 크게 하면 명료도가 높아진다.
3) 직접음과 잔향음의 레벨이 같아지는 거리를 임계 거리라고 한다.
4) 임계 거리 이상에서는 직접음 레벨이 잔향음 레벨보다 크다.

36. 1500석 공간의 잔향 시간 주파수 특성에서 예측할 수 있는 것은?
1) 다목적 홀로서 적당하다.　　　　2) 클래식 콘서트 홀로서 적당하다.
3) 음향 시스템을 사용하는데 적절하다.　　4) 평탄한 특성이다.

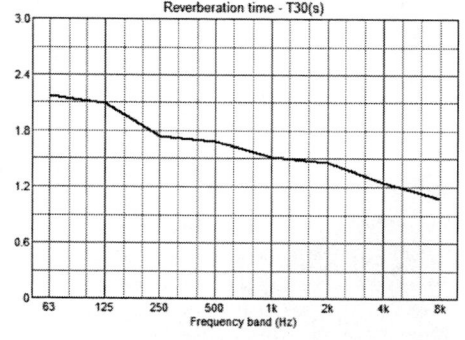

37. 1000석 홀의 잔향 시간 주파수 특성에서 예측할 수 있는 것이 아닌 것은?
1) 다목적 홀로서 적당하다.　　　　2) 클래식 콘서트 전용 홀로서 적당하다.

3) 음향 시스템을 사용하는데 적절하다.   4) 평탄한 특성이다.

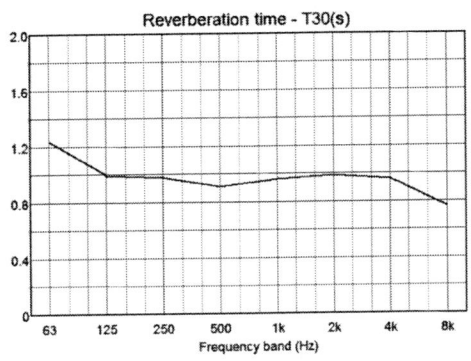

38. 실내의 확산 음장 조건이 아닌 것은?
1) 잔향 감쇠 곡선이 지수 함수적이다.
2) 잔향 시간이 공간내 모든 지점에서 같다.
3) 확산감이 좋다.
4) 음압 레벨이 좌석마다 다르다.

39. 잔향 감쇠 곡선이 double decay이면 어떠한 음장인 경우에 생기는가?
1) coupled room   2) diffused field   3) one room   4) echoless room

40. 그림 a와 b는 두 공간의 반사음 패턴이다. 두 공간의 잔향 시간은 똑 같이 2초일 때, 두 공간의 음향적인 차이점을 틀리게 설명한 것은?
1) a 공간은 라이브 하다.
2) b 공간이 더 명료하다.
3) 반사음 레벨이 다르므로 명료도가 다르다.
4) 잔향 시간이 같으므로 울리는 정도의 느낌이 같다.

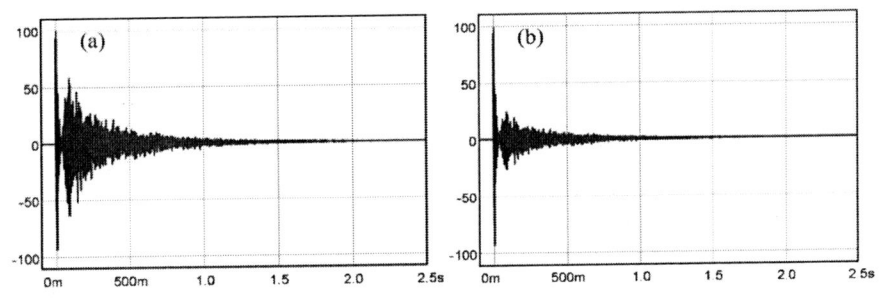

41. 반사음 패턴으로부터 예측할 수 있는 것은?
1) 플러터 에코가 있다.   2) 반사음이 많다.   3) 명료도가 좋다.   4) 큰 공간이다.

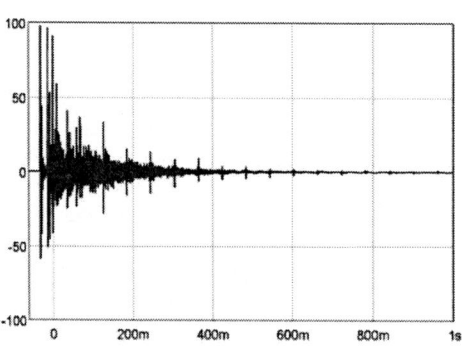

☞ 에코가 주기적으로 관측되는 것은 플러터이다.

42. 1,000명을 수용하는 강당의 음향 시스템의 잔향 감쇠 곡선으로부터 예측되는 음향 특성은?
1) 잔향이 많다.   2) 에코가 있다.   3) 확산 음장이다.   4) 반사음이 많다.

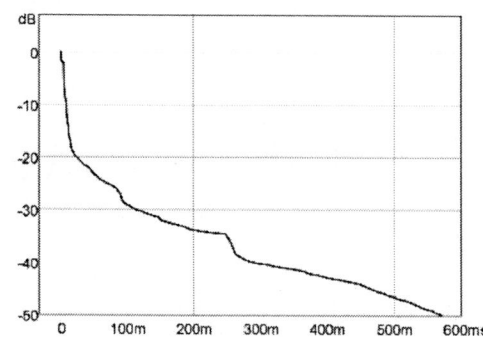

43. 실내 체육관의 일반적인 음향 특성이 아닌 것은?
1) 잔향이 길다.
2) 음향 초점이 생기기 쉬운 구조
3) long path 에코가 생기기 쉽다.
4) 저음 흡음이 잘 된다.

44. 설명 중에서 틀린 것은?
1) 에코는 음의 전파 거리가 17m 이상인 경우에 생기는 현상이다.
2) 일반적으로 실내에서의 잔향 시간은 고음보다 저음이 길다.
3) 플러터 에코는 평행인 벽면 간에 생기기 쉽다.
4) 음향 초점은 잔향 과다에 의한 효과이다.

41) 1   42) 2   43) 4   44) 4

45. 음장에 관한 설명 중에서 틀린 것은?
1) 흡음률이 0.15인 공간은 울리지 않는다.
2) 임계 거리에서는 직접음 레벨과 잔향음 레벨이 같다.
3) 직방체형 콘크리트로 만들어진 작은 실내에서는 정재파가 생기기 쉽다.
4) 야외에서는 임계 거리가 존재하지 않는다.

46. 벽면이 평행인 실내에서 생기는 음향 장해 현상은?
1) 초점		2) 플러터 에코		3) 에코		4) 공명

47. 실내의 음향 장해 현상이 아닌 것은?
1) echo		2) reverberation		3) flutter echo		4) sound focus

48. 플러터 에코는 어떠한 실내에서 생기는가?
1) 확산 음장		2) 잔향 시간이 긴 공간		3) 두 면이 평행한 공간		4) 야외 음장

49. 실내 음향 효과가 아닌 것은?
1) 확산감		2) 해상도		3) 음량감		4) 잔향감

50. 실내의 임계 거리 4배 지점에서 직접음과 잔향음의 레벨 비는?
1) 0dB		2) 3dB		3) −6dB		4) −12dB

51. 실내의 임계 거리 1/2 지점에서 직접음과 잔향음의 레벨 비는?
1) 0dB		2) −3dB		3) −6dB		4) −9dB

52. 크기가 $20 \times 15 \times 5 m^3$인 실내의 바닥과 천장의 흡음률은 0.1이고, 벽의 흡음률은 0.3이다. 임계 거리는 얼마인가? 음원은 무지향성이다.
1) 1.82m		2) 1.98m		3) 3.83m		4) 3.84m

☞ $\bar{\alpha} = \dfrac{(300 \times 0.1) \times 2 + (350 \times 0.3)}{950} = 0.174$, $R = \dfrac{S\bar{\alpha}}{1-\bar{\alpha}} = \dfrac{950 \times 0.174}{1-0.174} = 200 m^2$,

$D_c = 0.14\sqrt{Q \cdot R} = 0.14\sqrt{1 \cdot 200} = 1.98 m$

45) 1   46) 2   47) 2   48) 3   49) 2   50) 4   51) 3   52) 2

53. 크기가 20×15×5m³인 실내의 바닥과 천장의 흡음률은 0.1이고, 벽의 흡음률은 0.3이다. 음향 파워 레벨이 90dB인 무지향성 음원이 바닥에 있는 경우에 임계 거리 지점에서 음압 레벨은?
1) 73dB 2) 76dB 3) 80dB 4) 83dB

☞ $\bar{\alpha} = \frac{(300 \times 0.1) \times 2 + (350 \times 0.3)}{950} = 0.174$, $R = \frac{S\bar{\alpha}}{1-\bar{\alpha}} = \frac{950 \times 0.174}{1-0.174} = 200m^2$

$D_c = 0.14\sqrt{Q \cdot R} = 0.14\sqrt{2 \cdot 200} = 2.82m$

2.82m에서의 음압 레벨은 76dB가 된다.

$SPL = PWL + 10\log_{10}\left(\frac{Q}{4\pi r^2} + \frac{4}{R}\right) = 90 + 10\log_{10}\left(\frac{2}{4\pi \cdot 2.82^2} + \frac{4}{200}\right) = 76dB$

54. 길이 10m, 폭 20m, 높이 6m인 실내의 바닥에 음향 파워 레벨이 100dB인 무지향성 음원이 있다. 평균 흡음률은 0.4이다. 직접음과 반사음 레벨이 같은 지점에서의 음압 레벨은?
1) 79dB 2) 80dB 3) 82dB 4) 84dB

☞ 직접음과 잔향음 레벨이 같은 임계 거리 지점에서 음압 레벨을 구하면 된다.

표면적 S=(10×20×2)+(10×6×2)=760m², 실내 정수 $R = \frac{S\bar{\alpha}}{1-\bar{\alpha}} = \frac{760 \times 0.4}{1-0.4} = 506.7m^2$

$D_c = 0.14\sqrt{Q \cdot R} = 0.14\sqrt{2 \cdot 506.7} = 4.46m$,

임계 거리 4.46m 지점에서의 음압 레벨은 82dB이다.

$SPL = PWL + 10\log_{10}\left(\frac{Q}{4\pi r^2} + \frac{4}{R}\right) = 100 + 10\log_{10}\left(\frac{2}{4\pi \cdot 4.46^2} + \frac{4}{506.7}\right) = 82dB$

55. 실내 정수는 1,000m²이고, 음원의 지향 계수(Q)는 4인 경우에 음향 파워가 90dB인 음원으로부터 4m 지점에서의 직접음과 잔향음 레벨[dB]은?
1) 73, 66dB 2) 75, 62dB 3) 80, 67dB 4) 75, 73dB

☞ 직접음 레벨 $90 + 10\log\left(\frac{4}{4 \times 3.14 \times 4^2}\right) = 73dB$, 반사음 레벨 $90 + 10\log\left(\frac{4}{1000}\right) = 66dB$

56. 직방체형 녹음 스튜디오를 설계할 때, 실내 음향 관점에서 고려해야 하는 가장 중요한 특성은?
1) 음량감 2) 정재파 3) 명료성 4) 확산

57. 실내의 6면이 포함되는 정재파는?
1) oblique wave   2) axial wave   3) tangential wave   4) pixel wave

58. 정재파가 최소가 되도록 하는 방법은?
1) 실내를 직방체로 설계한다.   2) 형태를 불규칙하게 한다.
3) 두 면이 평행이 되게 한다.   4) 반사 처리를 한다.

59. 황금 비율의 치수는?
1) 1:2:4   2) 2:4:6   3) 2:3:5   4) 3:4:7

60. 정재파의 영향이 가장 많은 공간은?
1) 직방체형 스튜디오   2) 직방형 홀   3) 부채꼴형 홀   4) 아레나형 홀

61. 리스닝 룸 설계 시 고려하지 않아도 되는 것은?
1) 가로, 세로, 높이의 비율   2) 잔향 시간   3) 초기 반사음 레벨   4) IACC

62. 실내 크기가 $0.8 \times 1 \times 2m^3$인 경우에 가장 낮은 3개의 공진 주파수는?
1) 86, 172, 215Hz   2) 92, 123, 321Hz   3) 95, 112, 189Hz   4) 97, 132, 175Hz

☞ 0.8m에 대해서 구하면 1차 공진 주파수는 172/0.8=215Hz, 2차는 430Hz, 3차는 645Hz이다. 1m에 대해서 구하면 172Hz, 2차는 344Hz, 3차는 516Hz이다. 다음에 2m에 대해서 구하면, 1차는 86Hz, 2차는 172Hz, 3차는 258Hz이다. 따라서 제일 낮은 주파수는 86Hz, 172Hz, 215Hz이다.

63. 실내 크기가 $5 \times 10 \times 2.5m^3$인 경우에 가장 낮은 3개의 공진 주파수는?
1) 17.2, 34.4, 51.6Hz   2) 19.2, 32.1, 42.1Hz
3) 21.3, 24.2, 36.1Hz   4) 22.1, 42.1, 57.9Hz

64. 실내의 길이가 $1 \times 1 \times 1m^3$인 경우에 (1, 0, 0) 모드의 공진 주파수는?
1) 170Hz   2) 190Hz   3) 210Hz   4) 240Hz

☞ $f = 170\sqrt{\left(\frac{1}{1}\right)^2 + \left(\frac{0}{1}\right)^2 + \left(\frac{0}{1}\right)^2} = 170Hz$

57) 1   58) 2   59) 3   60) 1   61) 4   62) 1   63) 1   64) 1

65. 실내 치수가 2.4×3.6×5.4m³인 경우에 (0, 1, 2) 모드의 공진 주파수는?
1) 56.7Hz   2) 71.2Hz   3) 78.8Hz   4) 81.2Hz

☞ $f = 170\sqrt{\left(\dfrac{0}{2.4}\right)^2 + \left(\dfrac{1}{3.6}\right)^2 + \left(\dfrac{2}{5.4}\right)^2} = 78.8Hz$

66. 스튜디오에서 초기 반사음이 미치는 영향이 아닌 것은?
1) image shift   2) coloration   3) diffusion   4) comb filter distortion

67. 정재파에 대한 설명 중에서 틀린 것은?
1) 작은 공간에서 음질에 미치는 영향이 크다.
2) 주파수가 높아질수록 공진 주파수 개수가 많아진다.
3) 큰 공간에서는 공진 주파수 간의 간격이 좁아진다.
4) 공진 주파수는 이퀄라이저로 보정이 가능하다.

68. 정재파에 대한 설명 중에서 틀린 것은?
1) 실내 공진은 저주파수부터 고주파수까지 음질에 영향을 준다.
2) 주파수가 높아질수록 모드 수는 급격하게 증가된다.
3) 작은 공간일수록 재생 음질에 미치는 영향이 크다.
4) 4m×3m×2m인 실내의 최저 공진 주파수는 42.5Hz이다.

69. 정재파의 설명에 대해서 틀린 것은?
1) 실내가 작을수록 음질에 미치는 영향이 크다.
2) 정재파는 고음에 영향을 준다.
3) 실내에서 정재파의 영향은 피할 수 없다.
4) 베이스 트랩을 사용하면 정재파의 영향을 많이 줄일 수 있다.

70. 직방체형 실내에서 서브 우퍼 스피커를 설치할 때, 정재파가 최소가 되도록 하는 방법이 아닌 것은?
1) 1개의 스피커를 공진 모드의 antinode 지점에 설치한다.
2) 2개의 스피커를 좌우 코너에 설치한다.
3) 4개의 스피커를 네 코너에 설치하면 2개를 사용하는 것보다 공진이 줄어든다.
4) bass management 방법을 사용한다.

71. 옆방향 반사음 에너지와 관련있는 파라미터는?
1) RT   2) LE   3) D50   4) C80

72. 다음 중에서 공간 파라미터는?
1) 잔향 시간   2) D50   3) C80   4) IACC

73. 실내 체육관을 설계할 때 음향적으로 고려해야 할 사항이 아닌 것은?
1) 흡음   2) 확산   3) 차음   4) 음향 초점

74. $\int_0^{50ms} p^2(t)dt / \int_0^{\infty} p^2(t)dt$ 는 무슨 척도인가?
1) D50   2) C80   3) IACC   4) RR

75. 두 귀에 입사하는 신호의 상관도로 확산감을 평가하는 파라미터는?
1) LE   2) IACC   3) C80   4) RR

76. $\int_{25}^{80ms} p^2(t)\cos^2\theta dt / \int_0^{80} p^2(t)dt$ 는 무슨 파라미터인가?
1) IACC   2) RR   3) RT   4) LE

77. 잔향 시간이 같고 체적이 같은 부채꼴형과 직방체형은 어떠한 파라미터가 가장 많이 달라질 것으로 예측되는가?
1) RASTI   2) IACC   3) EDT   4) C80
☞ 직방체형 실내는 옆방향 반사음이 많아져서 IACC가 낮아진다.

78. 시간 파라미터가 아닌 것은?
1) RT   2) D50   3) C80   4) LE

79. 설명 중에서 적절한 것이 아닌 것은?
1) LE 값은 클수록 확산감이 좋다.
2) D50 값은 작을수록 명료하다.
3) 확산 음장에서는 잔향 감쇠 곡선이 직선이 된다.
4) 플러터 에코는 평행한 반사벽에서 생기기 쉽다.

71) 2   72) 4   73) 2   74) 1   75) 2   76) 4   77) 2   78) 4   79) 2

80. LE를 측정하는 경우에 사용되는 마이크는?
1) 무지향성, 양지향성
2) 단일 지향성, 양지향성
3) 양지향성, 초지향성
4) 무지향성, 초지향성
☞ 에서 분자는 양지향성 마이크로 측정하고, 분모는 무지향성 마이크로 측정한다.

81. 잔향 감쇠 곡선이 다음과 같이 계단 감쇠 형태의 기울기로 나타나는 원인은?
1) 정재파　　　　2) 잔향　　　　3) 플러터 에코　　　　4) 에코

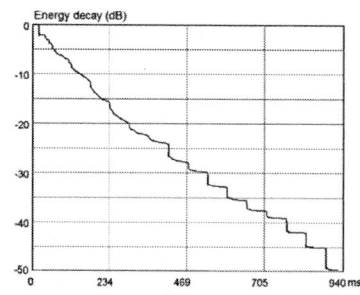

82. 잔향 감쇠 곡선이 여러 개의 감쇠 기울기를 나타나는 경우와 관계가 없는 것은?
1) 정재파　　　　2) 긴 잔향 시간　　　　3) 플러터 에코　　　　4) 에코

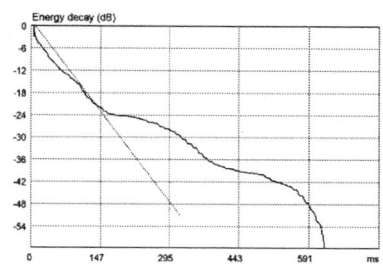

83. 다목적 홀 음향 설계의 특징은?
1) 용도에 적절한 잔향 시간을 결정하기 어렵다.
2) 잔향 시간에 구애 받지 않고 설계하기 쉽다.
3) 좌석을 많이 만드는 형태로 설계한다.
4) 발코니는 반드시 설계하여 좌석 수를 늘린다.

84. 무대의 음이 객석으로 제일 잘 전달되는 홀의 형태는?
1) one room형　　　　2) proscenium형　　　　3) 부채꼴형　　　　4) shoebox형

85. 폐쇄형 무대로서 무대와 객석이 완전히 분리된 홀의 형태는?
1) 프로시니엄형　　　　2) 아레나형　　　　3) 오픈형　　　　4) 돌출형

86. 프로시니엄 형태의 다목적 홀의 단점은?
1) 무대와 객석간의 거리가 가깝다.　　2) 무대와 객석의 음향 상태가 다르다.
3) 확산감이 좋다.　　　　　　　　　　4) 잔향을 자유롭게 조절할 수 있다.

87. 콘서트 홀의 측벽이 그림과 같이 평편하면 생길 수 있는 문제점은?

① 확산감이 좋지 않다.　　② 측벽에서 에코가 들릴 수 있다.
③ 잔향 시간이 길어진다.　④ 플러터 에코가 생길 수 있다.

1) ①, ③　　2) ②, ③　　3) ①, ②, ④　　4) ②, ③, ④

88. 아레나형 홀의 특징이 아닌 것은?
1) 음향 특성이 비교적 좋다.　　　　2) 무대 천장 반사판이 필요하다.
3) 좌석간의 음향 특성이 불균일하다.　4) 시선 거리가 짧다.

89. 다음과 같은 proscenium 홀의 특징은?
1) 무대와 객석의 음향 상태가 다르다.　2) 공간의 음향 특성이 좋다.
3) 무대와 객석이 가깝다.　　　　　　　4) 확산 음장에 가깝다.

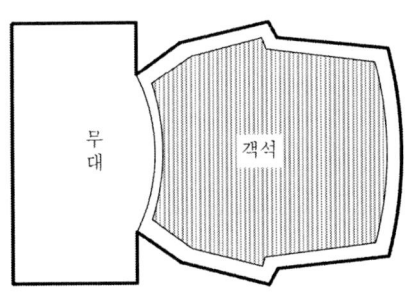

90. 객석이 무대를 둘러 싸고 있는 형태의 무대는?
1) arena stage   2) proscenium stage   3) thrust stage   4) hybrid stage

91. 슈박스형 홀의 특징이 아닌 것은?
1) 무대와 객석의 거리가 멀다.   2) 음장이 균일하다.
3) 발코니 아래 음장이 좋다.   4) 일반적으로 음향 특성이 좋다.

92. 콘서트 홀에서 의자의 배열에 의해 흡음되는 주파수는?
1) 150Hz   2) 500Hz   3) 1kHz   4) 3.1kHz

93. 다목적 홀의 단면에서 예측할 수 있는 음향 현상은?
1) 후벽을 흡음 처리해야 된다.   2) 천장의 유효 반사면이 넓다.
3) 에코가 생기기 쉽다.   4) 음압 레벨 분포 편차가 많다.

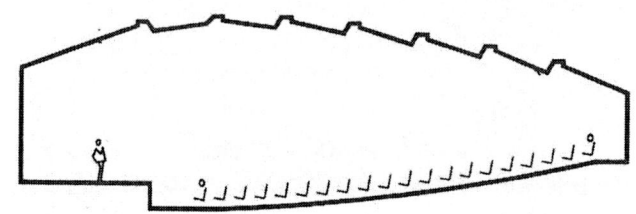

☞ 천정 면의 기울기가 모든 좌석에 균일한 반사음을 제공하는 구조이므로 음압 레벨 편차가 적고, 뒤벽에 음이 직접 입사되지 않으므로 흡음 처리하지 않아도 된다.

94. 홀의 평면도에서 예측되지 않은 음향 현상은?
1) 음향 초점이 생긴다.   2) 객석에 비해 무대가 좁다.
3) 확산감이 좋다.   4) 직접음이 많다.

95. 홀의 형상에서 생기기 쉬운 음향 장해 현상은?
1) 에코   2) 음향 초점   3) 플러터 에코   4) 반사

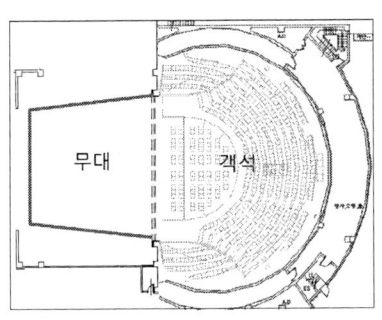

96. 실내 음향 설계에 대한 설명 중에서 적절하지 않는 것은?
1) 무대는 반사성으로 한다.
2) 후벽은 흡음 처리한다.
3) 흡음재와 반사재는 분산 배치한다.
4) 의자는 음향 특성과 관계가 없다.

97. 설명 중에서 맞는 것은?
1) 커튼은 모든 주파수에서 흡음 효과가 좋다.
2) 잔향 시간은 공간의 크기가 결정되면 결정되어 버린다.
3) 강연용 공간은 잔향 시간이 짧은 것이 좋다.
4) 음악 홀은 흡음률이 0.3 이상이어야 한다.

98. 설명 중에서 가장 부적절한 것은?
1) 에코는 반사음이 70ms 이상이면 지각된다.
2) 실내 음향 설계 파라미터 중에서 잔향은 필요 조건이다.
3) IACC가 작으면 확산감이 좋아진다.
4) D50은 명료도와 관계되는 파라미터이다.

99. 다음 평면도는 무슨 음향 특성을 고려하여 설계한 것으로 예측되는가?
1) 플러터 에코 방지   2) 잔향 증가   3) 확산감 증가   4) 직접음 증가

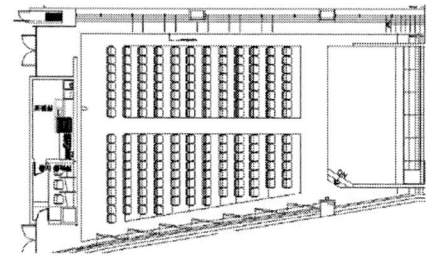

☞ 한 쪽 측벽에 기울기를 주어 평행 면을 피하여 플러터 에코를 방지할 수 있다.

100. 음악 연주 홀의 1인당 최적 공간의 크기는?
1) $3m^3$
2) $4m^3$
3) $5m^3$
4) $8m^3$

101. 공간 파라미터가 아닌 것은?
1) IACC
2) RR
3) RT
4) LE

102. 잔향 시간을 확보하기 위하여 공간의 크기가 가장 커야 하는 곳은?
1) 음악 홀
2) 영화관
3) 교회
4) 다목적 홀

103. 공간 중에서 1인당 체적이 가장 작아도 되는 곳은?
1) 콘서트 홀
2) 다목적 홀
3) 영화관
4) 체육관

104. 콘서트 홀에서 공간의 크기를 크게 하는 것은 무엇을 제어하기 위한 것인가?
1) IACC
2) RR
3) RT
4) LE

105. 여러 가지 콘서트 홀 형태 중에서 음의 초점 현상이 가장 두드러진 형태는?
1) 원형
2) 직사각형
3) 부채꼴
4) 다각형

106. 소음에 의해서 음성의 명료도가 저하되는 것은 무슨 현상인가?
1) 간섭
2) 회절
3) 마스킹
4) 반사

107. 건축적으로 잔향 시간을 가변하는 방법이 아닌 것은?
1) 체적 변화
2) 가동 흡음재 사용
3) 실내 표면적 변화
4) 형상 변화

108. 음선법에 의한 음향 시뮬레이션의 특징이 아닌 것은?
1) 한 개의 음선이 대표하는 파면의 면적은 그 음선의 길이에 비례한다.
2) 낮은 주파수의 위상 간섭은 계산할 수 없다.
3) 공간이 큰 경우에는 실측치와 잘 일치한다.
4) 반사음에 대한 공간 분해능이 낮다.

109. 음향 시뮬레이션으로 알 수 없는 것은?
1) 잔향 시간   2) 음압 레벨 분포   3) 에코   4) 음질

110. 기하학적 음향 시뮬레이션 기법은?
1) 혼합법   2) 음상법   3) 음선법   4) 직선법

111. 음선법의 음향 시뮬레이션의 특징이 아닌 것은?
1) 기하 음향학적인 방법이다.
2) 반사음의 차수가 많아지면 계산량이 많아진다.
3) 초기 반사음을 계산하는데 편리하다.
4) 위상 간섭을 계산할 수 있다.

112. 설명 중에서 맞는 것은?
1) 천장은 오목면이 확산이 잘 된다.
2) 단면은 부채꼴형이 좋다.
3) 부채꼴 형은 확산감이 좋다.
4) 발코니 아래는 천장이 1/2 이상 보이도록 한다.

113. 음장 제어 효과가 아닌 것은?
1) 잔향감   2) 실내 형상   3) 에코   4) 음량감

114. 전자 음장 가변 시스템으로 가변할 수 없는 파라미터는?
1) RT   2) IACC   3) D50   4) echo

108) 1   109) 4   110) 3   111) 4   112) 4   113) 3   114) 4

115. 다음 내용 중에서 맞는 것은?
1) 클래식 음악에 적절한 잔향 시간은 대중 음악보다 짧다.
2) 음성의 명료도를 좋게 하기 위해서는 잔향 시간이 긴 것이 좋다.
3) 최적 잔향 시간이 긴 순서는 오르간 음악, 클래식 음악, 영화관, 회의실 순이다.
4) 플러터 에코는 있는 것이 좋다.

116. 옆방향 반사음이 많은 콘서트 홀의 형상 설계에 많이 사용되고 있는 것은?
1) 장방형		2) 나선형		3) 광폭형		4) 부채꼴형

117. 오케스트라 피트가 필요한 홀은?
1) 오페라 하우스	2) 와인야드 홀		3) 슈박스 홀		4) 아레나 홀

118. 오목면에서 생기기 쉬운 음향 현상은?
1) 음향 초점		2) 확산			3) 산란			4) 굴절

119. 다음과 같은 확산판으로 1,000Hz 이상의 음을 확산시키고자 할 때 최소한의 a 길이는?
1) 10cm		2) 15cm			3) 34cm			4) 68cm

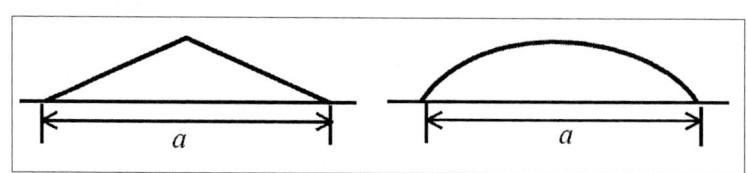

☞ 파장은 a와 같아야 하므로 1000Hz의 파장(λ)을 구하면 된다. → $\lambda=340/1,000=0.34m=34cm$

120. 실내 음향 설계 목표 중에서 적절하지 않은 것은?
1) 잔향 시간이 짧아야 명료하다.		2) 소음이 없어야 한다.
3) 음압 레벨 분포가 고르게 되어야 한다.	4) 음향 장해가 없어야 한다.

121. 실내 음향 설계의 목표가 아닌 것은?
1) 잔향이 적절해야 한다.			2) 잔향 시간 주파수 특성이 평탄해야 한다.
3) 소음 레벨이 낮아야 한다.			4) 음성은 명료하게 들려야 한다.

122. 다음 그림과 같은 재료는 무슨 목적으로 사용되는 것인가?

1) 확산
2) 반사
3) 흡음
4) 투과

123. 모니터 룸의 음향 조건 중에서 가장 적절하지 않은 것은?
1) 초기 반사음은 없어야 한다.
2) 후기 반사음은 확산시킨다.
3) 초기 반사음은 직접음보다 10dB 이하가 되도록 한다.
4) 공간을 부정형으로 만들어서 정재파가 생기지 않도록 한다.

124. 모니터 룸에서 생길 수 있는 음향 현상이 아닌 것은?
1) comb filter distortion   2) diffuseness   3) standing wave   4) booming

125. 모니터 룸의 음향 처리 방법이 적절하지 않은 것은?
1) 잔향이 가능한 한 짧아야 한다.
2) 잔향이 적고 반사음은 확산 처리한다.
3) 잔향이 전혀 없는 것이 좋다.
4) 초기 반사음은 직접음보다 10dB 낮아야 한다.

126. 실내에 흡음재를 부착하여 100Hz까지 최대의 흡음 효과를 얻기 위해서는 벽에서 얼마를 띄우고 설치하면 되는가?
1) 10.5cm   2) 21cm   3) 42.5cm   4) 85cm

127. 저음을 특별히 흡음하기 위해서 만들어진 자재는?
1) bass trap   2) Schroeder diffuser   3) resonance absopber   4) sound trap

128. 잔향실에서 측정한 흡음재의 흡음률이 1 이상 나오는 현상은 무엇 때문인가?
1) edge effect   2) focus effect   3) diffusion effect   4) booming effect

129. 흡음률이 최대가 되도록 벽에 흡음재를 부착하려면 벽과 흡음재와의 최적 거리를 흡음하고자 하는 최저 주파수의 파장으로 나타내면 어느 것인가?
1) 1/7 파장   2) 1/5 파장   3) 1/4 파장   4) 1/3 파장

130. 정재파법 흡음률과 잔향실법 흡음률에 대해서 적절하게 설명한 것은?
1) 정재파법은 랜덤 입사이고, 잔향실법은 수직 입사이다.
2) 잔향실법이 더 현실적인 값이다.
3) 잔향실법 흡음률 값이 정재파법보다 더 높게 나온다.
4) 정재파법 흡음률이 더 정확하다.

131. NC 값이 가장 낮아야 하는 공간은?
1) 스튜디오   2) 콘서트 홀   3) 사무실   4) 회의실

132. 어느 흡음재의 대역별 흡음률이 다음과 같을 때 Noise Reduction Coefficient는?
1) 0.34   2) 0.55   3) 0.65   4) 0.75

주파수	125Hz	250 Hz	500 Hz	1k	2k	4k
흡음률	0.32	0.39	0.78	0.99	0.82	0.88

☞ 250Hz, 500Hz, 1kHz, 2kHz의 흡음률의 평균을 구하면 된다.
   NRC=(0.39+0.78+0.99+0.82)/4=0.75

133. 다음 흡음률의 NRC는?
1) 0.15   2) 0.25   3) 0.35   4) 0.4

주파수	250Hz	500Hz	1k	2kHz
흡음률	0.08	0.12	0.48	0.72

134. 설명 중에서 틀린 것은?
1) 흡음재 시료의 크기가 작으면 흡음률이 1 이상이 될 수 있다.
2) 공명형 흡음재는 저음 흡음형이다.
3) 판상 재료는 저음 흡음형이다.
4) 물은 흡음률이 거의 0이다.

135. $5 \times 5 \times 5 m^3$의 잔향실의 잔향 시간은 5.5초이다. 이 실내의 바닥에 $5m^2$의 흡음재를 놓고 측정한 결과, 잔향 시간이 3.2초이면, 이 자재의 흡음률은?
1) 0.45　　　　2) 0.53　　　　3) 0.57　　　　4) 0.61

☞ $\alpha = \dfrac{0.161 \cdot V}{S}\left(\dfrac{1}{T_s} - \dfrac{1}{T_0}\right) = \dfrac{0.161 \cdot 125}{5}\left\{\dfrac{1}{3.2} - \dfrac{1}{5.5}\right\} = 0.53$

136. 공명형의 흡음재 특성은 어떻게 나타나는가?
1) 전대역 흡음　　2) 저음 흡음　　3) 중음 흡음　　4) 고역 흡음

137. 흡음 구조 중에서 저음 흡음 특성이 좋은 것은?
1) 판진동형　　2) 공명형　　3) 다공질형　　4) 확산판

138. 차음 효과를 좋게 하는 방법이 아닌 것은?
1) 도로측에 높은 벽을 세운다.　　2) 무거운 재료로 벽을 만든다.
3) 문의 빈틈을 없이 만든다.　　4) 창에 커튼을 친다.

139. 음악 전용 홀에 요구되는 NC 값은?
1) 15~20　　2) 25~30　　3) 35~40　　4) 45~50

140. 리스닝 룸과 같은 작은 공간에서 저음을 흡음하여 정재파를 최소화하는 자재는?
1) 베이스 트랩　　2) 석면　　3) 합판　　4) 공명형 흡음재

141. NC 값은 어느 공간의 소음 레벨로 예측되는가?
1) 스튜디오　　2) 콘서트 홀　　3) 강의실　　4) 체육관

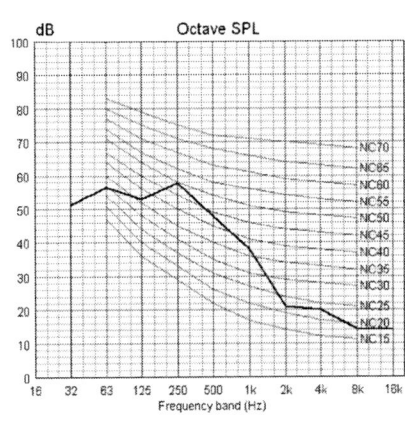

15. 음향 시스템

1. 음향 시스템의 성능 목표가 아닌 것은?
1) 음압 레벨　　　2) 주파수 특성　　　3) 위상　　　4) 명료도

2. 음향 시스템을 재생해 보니까 음성이 명료하지 않았다. 그 원인의 가능성 중에서 거리가 가장 먼 것은?
1) 잔향 시간이 길다.　　　　　　　2) 스피커 설치 위치가 적절하지 않다.
3) 설치된 스피커가 많다.　　　　　4) 앰프 용량이 작다.

3. 분산 스피커 방식의 장점은?
1) 잔향 시간이 길어도 명료한 음성을 확성할 수 있다.
2) 케이블 설치비가 저렴하다.
3) 시공이 간편하다.
4) 음상 정위가 좋다.

4. 스피커 집중 방식 시스템의 특징이 아닌 것은?
1) 음상 정위가 나쁘다.　　　　　　2) 케이블 배선비가 저렴하다.
3) 소음의 영향을 받기 쉽다.　　　　4) 잔향의 영향을 많이 받는다.

5. 잔향이 많은 공간에서 명료도를 높이는 방법이 아닌 것은?
1) 스피커의 지향성이 좁은 것을 사용한다.　　2) 공간의 임계 거리가 길어지도록 한다.
3) 스피커를 여러 개 조합하여 사용한다.　　　4) 공간의 잔향 시간을 짧게 한다.

6. 음향 시스템의 명료도와 관계가 없는 것은?
1) 확성 레벨　　　2) 주파수 대역　　　3) 스피커 커버리지　　　4) 기기의 효율

7. 음향 시스템의 하울링이 생기기 쉬운 여건이 아닌 것은?
1) 여러 종류의 지향성 마이크를 사용한다.　　2) 스피커 앞에 마이크를 사용한다.
3) 무지향성 마이크를 사용한다.　　　　　　　4) 무대를 흡음재로 마감한다.

1) 3　　2) 4　　3) 1　　4) 1　　5) 3　　6) 4　　7) 4

8. 음향 시스템의 음질과 관련이 가장 먼 것은?
1) 주파수 특성　　　2) 파워　　　3) S/N 비　　　4) 왜곡

9. 홀 내에 설치되는 스피커 시스템이 아닌 것은?
1) 프로시니엄 스피커　　2) 프런트 스피커　　3) 에이프런 스피커　　4) 모니터 룸 스피커

10. 잔향이 많은 체육관에서 명료도를 향상시킬 수 있는 방법이 아닌 것은?
1) 스피커의 개수를 늘린다.　　　2) 흡음 처리를 한다.
3) 지향각이 좁은 스피커를 사용한다.　　　4) 룸 튜닝을 한다.

11. 공간에서 음향 시스템의 명료도를 확보하기 가장 어려운 거리는?
1) 임계 거리 이내　　　2) 임계 거리의 2배
3) 임계 거리의 4배　　　4) 임계 거리의 6배

12. 소음이 없는 강당에서 음성을 확성하는데 가장 적절한 레벨은?
1) 50dB　　　2) 70dB　　　3) 80dB　　　4) 100dB

13. 확성 시스템에서 최대 음압 레벨은 평균 음압 레벨보다 어느 정도 높은가?
1) 3dB　　　2) 5dB　　　3) 10dB　　　4) 50dB

14. 다음 설명 중에서 부적절한 것은?
1) 잔향이 많은 공간일수록 지향각이 넓은 스피커를 사용하면 명료도가 높아진다.
2) 데드한 공간일수록 임계 거리가 길어진다.
3) 실내에 설치하는 스피커 수가 많으면 D/R 비가 낮아진다.
4) 스피커를 반사면을 향하는 것보다 흡음면을 향하면 임계 거리가 길어진다.

15. 다음 설명 중에서 맞는 것은?
1) 야외에서 임계 거리는 직접음 레벨과 반사음 레벨이 같아지는 거리를 말한다.
2) 공간 음향 특성은 음향 시스템의 명료도에 가장 많은 영향을 준다.
3) 음향 설비를 설계할 때 실내 음향은 고려하지 않아도 된다.
4) 공간의 천장이 낮고 잔향 시간이 긴 경우에는 집중 방식이 적절하다.

16. 음성의 명료도에 가장 많은 영향을 주는 대역은?
1) 100~300Hz
2) 500~1,000Hz
3) 1,000~4,000Hz
4) 4,000~6,000Hz

17. 음성의 명료도 척도가 아닌 것은?
1) ALcons
2) STI
3) D50
4) C80

18. 음성의 명료도 척도가 아닌 것은?
1) RASTI
2) D50
3) ALcons
4) Strength

19. 명료도와 가장 관계없는 파라미터는?
1) IACC
2) 잔향 시간
3) D50
4) RASTI

20. 음향 설비의 일반적인 기능이 아닌 것은?
1) 음악 녹음
2) 안내 방송
3) 통신
4) 효과음의 재생

21. 800명을 수용하는 다목적 홀의 음향 시스템 임펄스 리스폰스로부터 예측할 수 있는 것이 아닌 것은?
1) 잔향 시간이 길다.
2) 초기 반사음이 많다.
3) 에코가 있다.
4) 드라이한 공간이다.

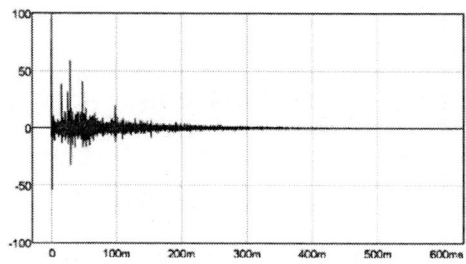

22. 전기 음향 시스템 시뮬레이션으로 시각화할 수 없는 것은?
1) 음압 레벨 분포
2) RASTI
3) 음색
4) 잔향 시간

23. 전기 음향 시스템의 성능을 평가하는 파라미터가 아닌 것은?
1) 최대 음압 레벨
2) 잔향 시간
3) 전송 주파수 특성
4) 명료도

24. 설명 중에서 맞는 것은?
1) STI 값이 크면 명료하다.
2) D50의 값이 클수록 명료도가 낮아진다.
3) ALcons가 클수록 명료도가 높아진다.
4) S/N 비는 명료도와 관계가 없다.

25. 설명 중에서 적절한 것은?
1) 잔향이 많은 공간에서 명료한 음성을 듣기 위해서 지향성이 넓은 스피커를 사용한다.
2) 잔향이 많은 공간일수록 음압 레벨을 높게 하면 명료한 음성을 들을 수 있다.
3) 잔향이 많은 공간일수록 스피커를 많이 설치하면 명료도를 높일 수 있다.
4) 지향각이 좁은 스피커는 원거리까지 직접음을 더 많이 전달한다.

26. 다목적 홀의 음향 시스템 설계에서 고려하지 않아도 되는 것은?
1) 스피커의 개수   2) 임계 거리   3) 앰프의 출력   4) 스피커의 위상 특성

27. 음향 기기 중에서 하울링을 방지하기 위해서 사용할 수 있는 기기는?
1) 노이즈 게이트   2) 컴프레서   3) 잔향기   4) 익사이터

28. 하울링의 개선 대책이 아닌 것은?
1) 마이크에 음성이 크게 입력되도록 한다.
2) 스피커로부터의 음이 마이크로 가능한 한 들어 가지 않도록 한다.
3) 반사음이 마이크로 궤환되는 양을 최소화 한다.
4) 여러 종류의 마이크를 사용한다.

29. 실내의 천장이 낮고 잔향이 3초인 공간의 음향 시스템을 설계할 때, 스피커 시스템의 설치는 어떠한 방법이 가장 적절한가?
1) 집중 방식   2) 분산 방식   3) 혼합 방식   4) pewback 방식

30. 야외 음향 시스템 설계시 고려하지 않아도 되는 것은?
1) 바람의 영향   2) 온도의 영향   3) 습도의 영향   4) 지표면의 형태

31. 정량화할 수 있는 음향 품질 팩터가 아닌 것은?
1) 확성 레벨   2) 전송 주파수 특성   3) 명료도   4) 잔향의 품질

32. 홀의 음향 시스템 설계에서 집중 방식으로 설계해도 되는 홀의 실내 음향 조건은?
1) 천장이 높은 공간   2) 소음이 많은 공간   3) 잔향이 적은 공간   4) 길이가 긴 공간

33. 잔향 시간이 5초이고 천장이 낮고 길이가 길며, 폭이 넓은 공간에서 균일한 음압 레벨을 얻을 수 있는 스피커 설치 방식은?
1) 컬럼 분산 방식   2) 집중 방식   3) 혼합 방식   4) 실링 분산 방식

34. 설명 중에서 적절하지 않은 것은?
1) 명료도 평가는 음절의 종류에 따라서 달라진다.
2) 집중 방식은 음상 정위가 좋다.
3) 중앙 집중 방식은 실내 길이가 스피커 설치 높이의 3배 이하이어야 한다
4) 스피커의 커버리지가 넓을수록 명료도가 높다.

35. 스피커를 부적절한 위치에 설치한 경우에 생길 수 있는 문제는?

| ① 음압 레벨 편차가 많다. | ② 에코가 발생될 수 있다. |
| ③ 하울링이 발생될 수 있다. | ④ 룸 튜닝으로 보정한다. |

1) ①, ④   2) ②, ③   3) ①, ②, ③   4) ①, ③, ④

36. 프로시니엄 스피커의 음상을 발성자 쪽으로 맞추기 위해서 사용되는 스피커는?
1) 실링 스피커   2) 에이프런 스피커   3) 서라운드 스피커   4) 사이드 스피커

37. 룸 튜닝이 아닌 것은?
1) 실내 공진의 최소화
2) 하울링 제어
3) 음원의 음색 보정
4) 스피커의 시간 정렬 보정

38. 스피커 시스템을 집중 방식으로 설치한 경우 장점은?
1) 소음의 영향이 적다.
2) 음상 정위가 좋다.
3) 음압 레벨 편차가 적다.
4) 하울링이 발생되지 않는다.

39. 마이크의 개수가 2배로 늘어 나면 하울링 마진은 얼마나 감소되는가?
1) 1dB   2) 3dB   3) 5dB   4) 10dB

40. 무대에 설치된 메인 스피커와 천장에 보조 스피커로 구성된 음향 시스템에서 청취자 위치에서 두 스피커 간의 거리 차가 10m이다. 무대쪽으로 음상을 정위시키기 위해서 보조 스피커를 몇 ms 지연시키는 것이 적절한가?

   1) 10ms   2) 15ms   3) 25ms   4) 40ms

   ☞ 두 스피커 간의 거리 차가 10m이므로 시간 차는 (1000·10)/340=29.4ms이고, 이것에 10~20ms를 더하면 된다.

41. 음향 조정실의 설계 요건으로서 가장 적절하지 않은 것은?
   1) 관객석의 상황을 파악하기 쉽도록 한다.
   2) 프로시니엄 스피커와 사이드 스피커의 소리를 정확하게 들을 수 있는 위치에 설치한다.
   3) 객석을 통하지 않고 무대로 바로 연결된다.
   4) 음향 조정실의 차음이 중요하므로 시창을 밀폐한다.

42. 설명 중에서 적절한 것은?
   1) 안전 확성 이득은 음향 시스템의 최대 음압시의 안정도이다.
   2) 전송 주파수 특성은 좌석에 따라서 변하지 않는다.
   3) 잔향이 많은 공간에서 스피커 배치는 분산 방식을 사용한다.
   4) 잔향이 많은 공간에서는 스피커를 많이 설치하면 명료해진다.

43. 설명 중에서 가장 적절하지 않은 것은?
   1) 공간의 길이가 긴 경우에는 short throw와 long throw의 스피커를 사용하여 음압 레벨을 균일하게 한다.
   2) 하울링을 최소화 하기 위해서는 무지향성 마이크를 사용한다.
   3) 좌우 프로시니엄 스피커는 앰프로부터의 거리의 차이에 관계없이 케이블 길이를 같게 한다.
   4) 안전 확성 이득 0dB는 -10dB보다 더 양호하다.

44. 정격 입력이 100W인 스피커에 신호의 피크 팩터를 고려하면, 어느 정도 용량의 앰프를 연결하는 것이 적절한가?

   1) 50W   2) 100W   3) 150W   4) 200W

45. 감도가 100dB인 스피커 4대를 사용해서 10m 떨어진 지점에서 95dB를 얻기 위해서는 각 스피커를 몇 W의 앰프로 구동해야 하는가?
1) 1W   2) 2W   3) 10W   4) 20W

46. 1W의 출력으로 구동되는 스피커로부터 1m 떨어진 곳에서 음압 레벨을 측정하였더니 87dB 이었다. 같은 위치에서 93dB의 음압 레벨을 내기 위해 몇 W의 출력이 필요한가?
1) 2W   2) 3W   3) 4W   4) 5W
☞ 음압 레벨을 6dB를 증가시키기 위해서는 몇 W를 가해야 하는가의 질문이다.
  $10 \log W = 6dB \rightarrow W = 10^{0.6} = 4W$

47. 스피커의 감도가 90dB(1W/1m)를 사용하여 10m 지점에서 80dB의 음압 레벨을 얻고자 하는 경우에 스피커에 몇 W를 입력하면 되는가?
1) 1W   2) 10W   3) 50W   4) 100W

48. 강당의 스피커로부터 20m 지점에서 측정한 전송 주파수 특성으로부터 해석할 수 있는 것이 아닌 것은?
1) 서브 우퍼 시스템이 없는 특성이다.   2) 음질이 좋다.
3) 크로스오버 주파수의 위상이 반전되어 있다.   4) 거리에 따른 고음 감쇠가 적다.

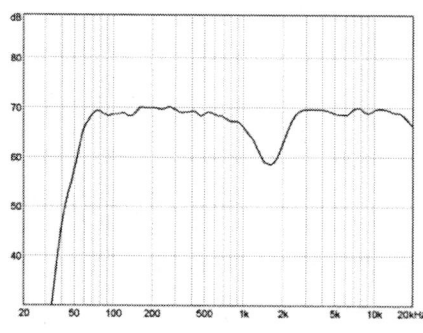

49. 음향 시스템의 음질 열화 요인 중에서 청각 특성에 의해서 생길 수 있는 것은?
1) 마스킹   2) 다이내믹 레인지   3) 콤필터 왜곡   4) 과도 특성

50. 룸 튜닝 효과가 아닌 것은?
1) 하울링 마진 증가   2) 명료도 향상   3) 자연성 향상   4) 헤드룸 향상

51. 하울링을 제어하기 위해서 사용되는 음향 기기가 아닌 것은?
1) 컴프레서　　　2) EQ　　　3) 노치 필터　　　4) PEQ

52. 설명 중에서 틀린 것은?
1) 좌우 스피커가 역위상인 경우에 중앙에서 음을 들으면 저음이 강조되어 들린다.
2) 2대의 스피커가 역위상으로 접속되면 음상의 정위가 불명확하게 들린다.
3) 멀티 앰프 방식을 사용하면 왜곡이 감소되고 댐핑도 좋아진다.
4) 2대의 스피커를 스태킹하면 음압 레벨이 1대의 스피커 레벨보다 6dB 상승된다.

53. 마이크를 4개 사용한 경우는 2개 사용한 경우보다 하울링 마진이 얼마나 감소되는가?
1) 1 dB　　　2) 2dB　　　3) 3dB　　　4) 6dB

54. 하울링을 제어하는 방법이 아닌 것은?
1) 사용하지 않은 마이크를 off 시킨다.
2) 마이크의 null angle이 모니터 스피커를 향한다.
3) 무대를 반사 처리한다.
4) 하울링 주파수를 EQ로 커트한다.

55. 하울링 제어기로서 사용할 수 있는 음향 기기는?
1) 잔향기　　　2) 컴프레서　　　3) 지연기　　　4) 익사이터

56. 홀에서 음향 시스템을 설계할 때 고려해야 할 사항이 아닌 것은?
1) 주파수 특성　　　2) 파워　　　3) 위상　　　4) 음압 레벨 편차

57. 설명 중에서 가장 적절하지 않은 것은?
1) 재생하는 음량에 따라서 음색이 변한다.
2) 전송 주파수 특성은 반드시 평탄해야 한다.
3) 재생하는 음량에 따라서 마스킹 특성이 바뀐다.
4) 이퀄라이저로 주파수 특성을 보정할 때 피크 주파수를 커트하는 것이 좋다.

51) 1　52) 1　53) 3　54) 3　55) 3　56) 3　57) 2

58. 음향 시스템 확성 시, 무대 쪽으로 음상이 정위되지 않은 이유가 아닌 것은?
1) 사용자의 미숙   2) 시스템의 조정 문제   3) 실내의 잔향 문제   4) 시스템의 설계 문제

59. 설명 중에서 가장 적절한 것은?
1) RASTI 값이 클수록 음질이 좋아진다.
2) 잔향음에 비해서 직접음 레벨이 높으면 명료도가 높아진다.
3) 잔향 시간과 RASTI는 비례한다.
4) S/N 비와 명료도와는 상관이 없다.

60. 마이크를 5개 사용하면, 1개 사용하는 경우보다 하울링 마진은 몇 dB 감소되는가?
1) 약 2dB   2) 약 3dB   3) 약 5dB   4) 약 7dB

61. 음향 시스템의 명료도와 관계가 있는 것은?

| ① 소음 레벨 | ② 음성 레벨 | ③ 스피커의 주파수 특성 | ④ 공간의 잔향 |

1) ①, ③   2) ②, ③   3) ①, ②, ③   4) ①, ②, ③, ④

62. Hi-Fi audio와 PA system과의 차이점 중에서 가장 거리가 먼 것은?
1) 운용 기술   2) 기기의 용량   3) 기기의 종류   4) 사용 조건

63. 1500석 다목적 홀의 스피커로부터 20m 지점에서 측정한 전송 주파수 특성으로부터 예상할 수 있는 것은?

| ① 명료도가 좋다.
② 서브우퍼 레벨과 중고음 스피커의 레벨 설정이 적절하다.
③ 고음 감쇠가 있는 것은 음원으로부터 먼 지점의 특성이다.
④ 고음이 부족한 특성이다. |

1) ①, ③   2) ②, ③   3) ①, ②, ③   4) ②, ③, ④

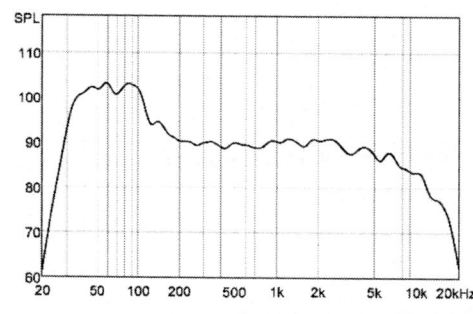

64. 500석 공간에서 음향 시스템의 임펄스 리스폰스로부터 예측할 수 없는 것은?
1) D_{50} 값이 크다.
2) 잔향 시간이 짧다.
3) D/R 비가 30dB이다.
4) 콘서트 홀에 적당한 음향 특성이다.

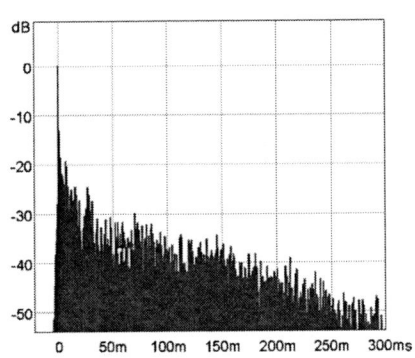

65. 일반적으로 레벨이 더 큰 음악의 음질이 더 좋게 들리는 것은 무슨 현상 때문인가?
1) loudness effect
2) critical band
3) cocktail party effect
4) binaural effect

66. 1대의 스피커와 2대의 스피커의 주파수 특성이 그림과 같을 때 예측할 수 있는 것은?

① 2대인 경우에 명료하지 않다.
② 2대인 경우에 음압 레벨이 6dB 증가된다.
③ 2대인 경우에 음질이 좋지 않다.
④ 2대인 경우에 이퀄라이저로 보정하면 음질이 좋아진다.

1) ①, ④
2) ①, ③
3) ①, ③, ④
4) ①, ②, ④

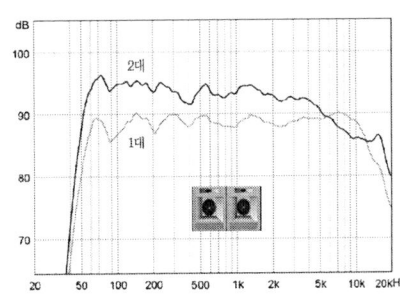

67. 앰프와 스피커 간의 거리가 먼 경우에 전송 손실을 최소화하기 위해서 사용하는 방식은?
1) 직렬 전송
2) 병렬 전송
3) 직병렬 전송
4) 정전압 전송

68. 정전압 전송 방식에 대한 잘못된 설명은?
1) 앰프에서 전송되는 전력이 일정하다.
2) 스피커 측에 높은 임피던스의 트랜스를 설치한다.
3) 저 임피던스 방식보다 선로 저항의 영향이 적다.
4) 여러 개의 스피커를 두 가닥으로 구동이 가능하다.

69. 정전압 전송 설명 중에서 틀린 것은?
1) 앰프와 스피커의 거리가 먼 경우에 사용한다.
2) 정전압 전송은 케이블의 손실을 줄일 수 있다.
3) 앰프의 출력을 전압이 아니고 전력으로서 전송하는 방식이다.
4) 1대의 앰프로 앰프의 출력과 스피커의 출력이 같으면 전송에 문제가 없다.

70. BGM의 특징이 아닌 것은?
1) BGM 재생 음압 레벨은 80dB 정도되어야 한다.
2) 작업의 단조로움을 피하기 위한 것이 목적이다.
3) 편곡과 프로그램 편성이 중요하다.
4) 작업자의 피로 곡선을 고려한 곡이어야 한다.

71. 강의실에 스피커 시스템을 다음과 같이 설치하였을 때 예측되는 것이 아닌 것은?
1) 반사음이 많아서 명료도가 낮다.   2) 콤필터 왜곡이 생긴다.
3) 잔향이 길어진다.   4) 직접음 대 잔향음 레벨 비가 높아진다.

72. 다목적 강당에서 무대 좌우에 품질이 좋은 풀레인지 스피커를 4통을 스테킹 스프레이 하여 설치하였는데 소리가 명료하지 않았다. 그 이유를 예측할 수 있는 것 중에서 거리가 가장 먼 것은?
1) 스피커 간의 간섭이 있다.   2) 스피커 간의 위상이 맞지 않다.

3) 이퀄라이저 조정이 과다하다.   4) 앰프의 용량이 작다.

73. 다음 그림에서 long throw speaker와 near throw speaker의 2통의 스피커를 사용하여 두 지점에서 음압 레벨을 같게 하는 조건이 아닌 것은?
1) A스피커는 B스피커보다 지향각이 좁아야 한다.
2) X2는 X1의 50% 거리를 지향해야 한다.
3) A스피커는 B스피커보다 감도가 3dB 높아야 한다.
4) B스피커는 A스피커보다 DI가 3dB 낮아야 한다.

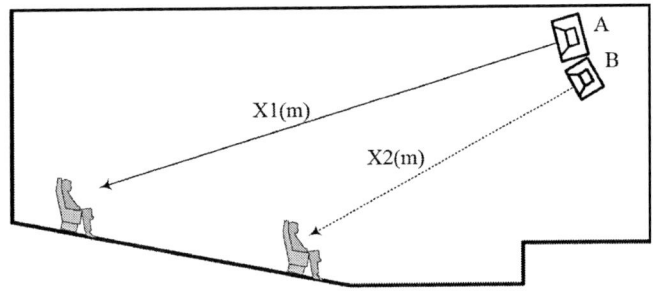

74. 1000석 홀의 음향 시스템의 반사음 패턴으로부터 예측되지 않은 사항은?
1) 실내 반사음이 적다.
2) 명료하지 않은 음성이 들릴 것이다.
3) 스피커와 가까운 지점에 측정한 반사음 패턴이다.
4) D/R 비가 크다.

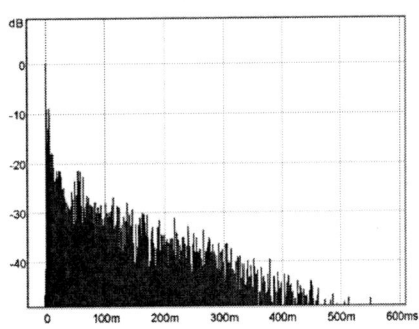

75. 어느 공간의 음향 시스템 임펄스 리스폰스에서 예측할 수 있는 내용이 아닌 것은?
1) 명료도가 높다.   2) S/N 비가 크다.
3) 음질이 좋다.   4) D/R 비가 20dB이다.

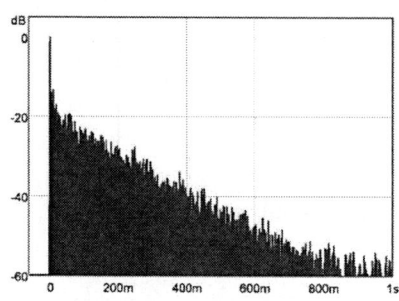

76. 스피커 시스템을 다음과 같이 구성하였을 때, 예상되는 문제가 아닌 것은?
1) 간섭이 없으면 음압 레벨이 18dB 증가된다.　　　2) 위상 간섭이 생길 수 있다.
3) 지향각이 넓어진다.　　　　　　　　　　　　　4) 주파수 특성이 좋아진다.

☞ 스피커 간의 감쇠 간섭이 없는 경우에 스피커를 8대 사용하고 있으므로 20log8=18dB 음량이 증가되고 지향각이 넓어진다. 그러나 간섭이 있는 경우에는 주파수 특성에 피크나 딥이 생겨서 음색이 좋지 않다.

77. 음향 시스템 설계에서 다음 사양의 스피커 시스템을 사용할 때, 예측할 수 있는 것이 아닌 것은?
1) 앰프는 600~800W 정도가 적절하다.
2) 잔향이 많은 공간에 적절한 스피커이다.
3) 최대 음압 레벨은 128dB 정도이다.
4) 20m 지점에서 108dB가 되기 위해서는 2통이 필요하다.

rms power	300W
peak power	1200W
frequency response	100~20,000Hz
nominal impedance	8Ohms
sensivity	98dBSPL
beamwidth	95 x 80degrees

☞ 이 스피커의 커버리지는 90도와 80도이므로 비교적 지향각이 넓다고 할 수 있다. 따라서

잔향이 적은 공간에 적절한 스피커라고 생각할 수 있다. 그리고 실효 출력이 300W이므로 앰프는 2배 이상인 600W가 적절하다. 감도가 98dB이고 최대 출력이 1,200W이므로 최대 음압 레벨은 98+10log1200=128dB가 된다. 20m 지점에서는 26dB(=20log20) 감쇠되므로 1통의 스피커를 사용한 경우에는 최대 레벨 128dB에서 26dB를 빼면 102dB가 된다. 따라서 108dB로 재생하기 위해서는 6dB를 증가시키면 되므로 2통을 사용하면 된다.

78. 70m^3의 리스닝 룸에서 서브우퍼가 없는 오디오 시스템의 전송 주파수 특성이 그림과 같을 때, 예측할 수 없는 사항은?
1) 저음 레벨이 높아서 풍부하다.
2) 콤필터 왜곡이 많다.
3) 정재파의 영향이 있다.
4) 룸 튜닝이 필요하다.

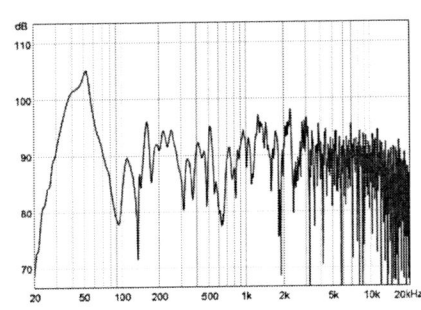

79. 마이크 위치에서 음압 레벨이 75dB이고, 객석에서 69dB이면 안전 확성 이득은 얼마인가?
1) -3dB
2) -6dB
3) -8dB
4) -10dB

80. 다음 반사음 패턴은 같은 공간의 같은 지점에서 측정한 데이터이다. 반사음 패턴 1이 반사음 패턴 2로 변할 수 있는 요인은 아닌 것은?
1) 실내 흡음 처리
2) 스피커 개수를 줄임
3) 앰프의 파워를 증가시킴
4) 임계 거리를 길게 함

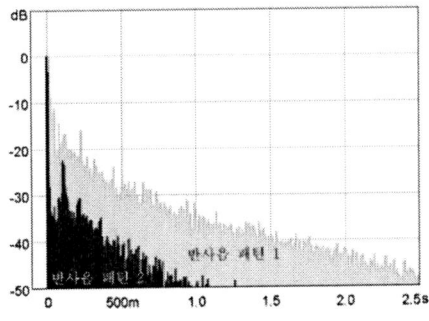

81. 이퀄라이저를 이용한 룸 튜닝의 한계점이 아닌 것은?
1) 좌석마다 전송 주파수 특성이 다르다.
2) 공진 주파수는 제거되지 않는다.
3) 콤필터 왜곡의 딥을 부스트하여 전송 주파수 특성을 평탄하게 만들 수 있다.
4) 시간 특성은 보정되지 않는다.

82. 룸 튜닝의 목적이 아닌 것은?
1) 실내 공진의 최소화
2) 전송 주파수 특성 보정
3) 위상 보정
4) room ringing 최소화

83. 룸 튜닝 후 스피커의 전송 주파수 특성에서 딥의 원인이 될 수 없는 것은?
1) time misalignment
2) phase misalignment
3) low coherence
4) comb filter distortion

84. 룸 튜닝한 결과 30~20000Hz까지 평탄한 특성이 얻어졌는데 음질이 좋지 않았다. 그 이유가 될 수 없는 것은?
1) 스피커 유닛 간 시간 정렬이 되어 있지 않다.
2) 반사음이 많은 공간에서 튜닝하였기 때문이다.
3) 스피커의 특성이 나쁘다.
4) 저주파수에서 ringing이 많다.

85. 이퀄라이저를 사용하여 음향 특성을 보정하는 방법으로서 가장 적절하지 않은 것은?
1) 슬라이더를 6dB 이상 보정하지 않는다.
2) 피크를 커트하여 평탄하게 보정한다.
3) 딥을 부스트하여 평탄하게 보정한다.
4) 콤필터에 의한 딥은 보정하지 않는다.

86. 전송 주파수 특성에서 딥의 주파수를 이퀄라이저로 부스트 하였는데 보정되지 않은 이유가 아닌 것은?
1) 스피커의 원래 특성이 나쁘므로 음질이 보정되지 않는다.
2) RTA의 해상도가 낮아서 정확한 딥 주파수를 찾지 못함.
3) 역 위상으로 상쇄되어 보정이 되지 않는다.
4) 콤필터 왜곡에 의해서 음이 상쇄되어 보정되지 않는다.

87. 그림과 같은 ISO 2969 house curve는 어떠한 시스템에 적용되는 것인가?
1) Cinema B chain system
2) Music Reproduction System
3) Speech enhancement system
4) recording studio system

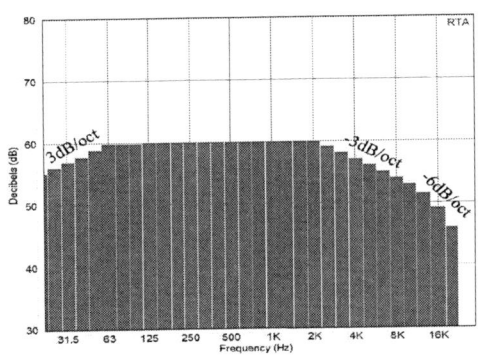

88. 음향 시스템의 룸 튜닝의 목적은?
1) 스피커의 시간 특성을 보정한다.
2) 스피커의 본래 특성을 찾는다.
3) 스피커의 위상 특성을 보정한다.
4) 스피커의 음색을 바꾼다.

89. 다음 스펙트럼 특성은 서브 우퍼와 풀레인지 스피커를 튜닝한 결과이다. 두 스펙트럼으로부터 예측 가능하지 않은 사항은?
1) (a)는 서브 우퍼와 풀레인지 결합이 잘 되어 있다.
2) (b)는 서브 우퍼가 역위상으로 결합되어 있다.
3) 두 특성의 음질은 같다.
4) (a)가 저음이 풍부하게 재생된다.

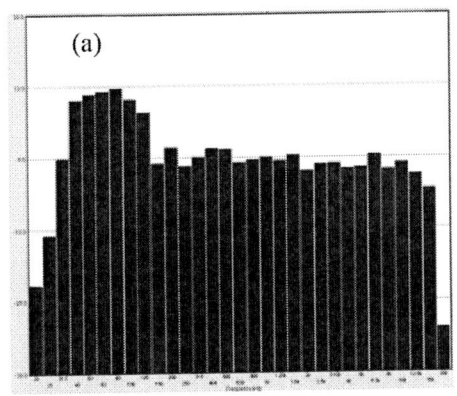
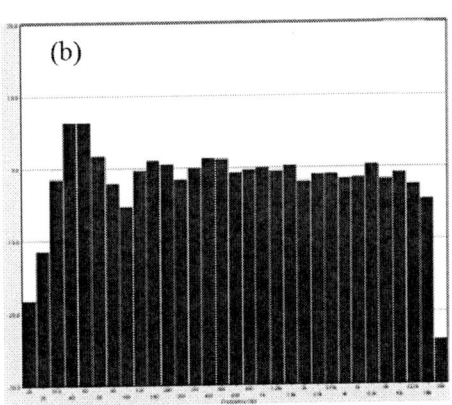

90. 설명 중에서 가장 적절하지 않은 것은?
1) 저음의 음질은 공간 음향 특성의 영향이 많다.
2) 중고음의 음질은 스피커 자체 음질이다.
3) 이퀄라이저로 실내 반사음에 의한 왜곡을 보정할 수 있다.
4) 이퀄라이저로 주파수 특성을 조정할 때 딥은 보정하지 않는다.

91. 스튜디오의 반사음 패턴으로부터 예측할 수 있는 것은?
1) 잔향 시간이 길다.
2) 반사음 레벨이 적절하다.
3) 레벨이 높은 초기 반사음 때문에 콤필터 왜곡이 생긴다.
4) 라이브한 공간이다.

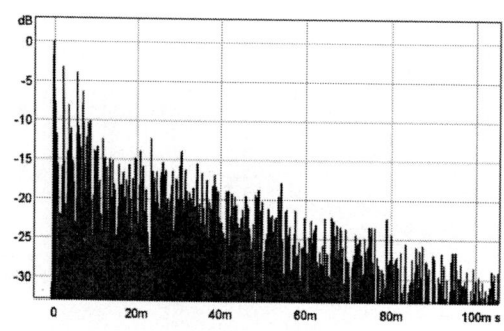

16. 음향 측정

1. 음향 측정의 목적이 아닌 것은?
1) 음질을 측정한다.   2) 음향 성능을 정량화한다.
3) 기술을 축적한다.   4) 음질의 문제점을 찾는다.

2. 음향 시스템의 명료도 평가 파라미터와 거리가 가장 먼 것은?
1) 확성 레벨   2) 주파수 대역   3) D/R 비   4) 기기의 성능

3. 음향 측정 신호로서 음악을 사용한 경우의 특징에 대한 설명 중에서 가장 적절하지 않은 것은?
1) S/N 비가 크다.
2) 사람이 있는 상태에서 측정할 수 있다.
3) 주파수 에너지가 충분하지 않다.
4) 핑크 잡음보다 대역이 좁다.

4. 정량화할 수 있는 음향 특성이 아닌 것은?
1) 잔향 시간   2) 명료도   3) 음압 레벨   4) 잔향의 음질

5. RTA로 측정할 수 있는 것은?
1) coherence   2) phase response   3) time response   4) frequency response

6. 사운드 레벨 미터로 주파수 분석할 경우에는 어떤 보정 필터를 사용하는가?
1) A   2) B   3) C   4) D
☞ C특성은 거의 평탄한 주파수 특성이므로 음향 측정 분석에 사용한다.

7. 1/3 옥타브 실시간 분석기로 전송 주파수 특성을 측정할 때 사용하는 신호는?
1) 사인파   2) 구형파   3) 핑크 잡음   4) 백색 잡음

8. 아날로그 실시간 스펙트럼 분석기로 알 수 없는 특성은?
1) 진폭 특성   2) 위상 특성   3) S/N 비   4) 왜곡 특성

1) 1   2) 4   3) 1   4) 4   5) 4   6) 3   7) 3   8) 2

9. 주기를 가지고 있는 신호는?
1) MLS   2) pink   3) white   4) brown

10. +1과 −1로 구성된 주기가 있는 신호는?
1) sine signa
2) maximum length sequence
3) square signal
4) sweep signal

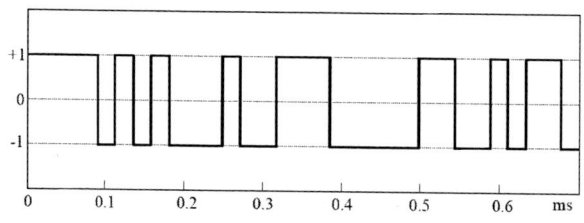

11. 설명 중에서 맞는 것은?
1) 음향 측정은 음향 시스템 설계 과정에서 제일 나중에 한다.
2) 음향 측정은 시스템 튜닝 전에 해야 한다.
3) 음향 측정으로 종합 품질 평가가 가능하다.
4) 음향 측정으로 음질을 정량화 할 수 있다.

12. maximum length sequence 신호의 특징이 아닌 것은?
1) 주기적인 신호이다.
2) 반복 측정하여 S/N 비를 높일 수 있다.
3) 백색 잡음과 같은 스펙트럼을 가지고 있다.
4) 핑크 잡음과 같이 실시간 주파수 특성을 측정할 때 사용한다.

13. MLS 신호를 이용하여 음향 측정할 경우에 생길 수 있는 문제점은?
1) S/N 비가 낮다.
2) 고음 스피커가 파손될 수 있다.
3) 정밀도가 낮다.
4) 피크 팩터가 크다.

14. 임펄스 신호의 특징으로서 적절하지 않은 설명은?
1) 오디오 주파수 대역을 포함하고 있다.
2) 지속 시간이 아주 짧다.
3) S/N 비가 크다.
4) 진폭이 무한대이다.

15. 임펄스 신호에 대한 설명 중에서 잘못된 것은?
1) 펄스 폭이 무한히 좁다
2) 모든 주파수 신호를 동일하게 포함한다.
3) 음향 시스템의 전달 함수를 구할 때 사용한다.
4) 펄스의 크기와 폭을 곱하면 무한 값이다.

16. 측정 신호 중에서 S/N 비가 가장 작은 것은?
1) 스위프 신호   2) 임펄스   3) 백색 잡음   4) 핑크 잡음

17. Log sweep 신호의 특징이 아닌 것은?
1) 스펙트럼이 백색 잡음과 같다.
2) 측정 시 왜곡을 쉽게 지각할 수 있다.
3) 스피커에 과부하가 걸리지 않는다.
4) 측정하고자 하는 주파수 대역만 스위프할 수 있다.

18. Log sweep 신호의 특징이 아닌 것은?
1) 핑크 잡음과 스펙트럼이 유사하다.
2) 측정 시 왜곡을 감지하기 쉽다.
3) 측정시 스피커가 파손될 우려가 높다.
4) 피크 팩터가 3dB이다.

19. 다음 중 스펙트럼 특성이 다른 음향 측정용 신호는?
1) log sweep   2) pink noise   3) pinked-MLS   4) white noise

20. -3dB/oct 스펙트럼을 가지고 있지 않은 측정 신호는?
1) log sweep   2) pink noise   3) pinked-MLS   4) white noise

21. 음향 시스템의 음질 열화 요인 중에서 실내 음향 특성에 의한 것이 아닌 것은?
1) 마스킹   2) 공진   3) 콤필터 왜곡   4) 고조파 왜곡

22. 음향 측정으로 알 수 없는 것은?
1) 주파수 특성 2) 왜곡 3) 음질 4) S/N 비

23. FFT 분석에서 저주파수 대역의 해상도를 올리는 기법은?
1) decimation 2) averaging 3) smoothing 4) overlap
☞ decimation ratio는 디지털화된 신호를 다운 샘플링(down sampling)하는 비율이다. 이것은 진동 관측 분야에서 저주파수의 해상도를 높이는데 사용한다. 예를 들면, A/D converter의 최저 샘플링 율이 11,025Hz인 경우에 decimation을 10으로 하면 샘플링 율을 1102.5Hz까지 낮출 수 있고, 그 결과 측정 범위는 0~551.25Hz가 된다. 값이 1인 경우에는 다운 샘플링을 하지 않은 것과 같다.

24. 44.1kHz 샘플링 율과 4,096 포인트 FFT인 경우에 시정수는?
1) 0.093s 2) 1.92s 3) 2.1s 4) 2.9
☞ 4,096 /44,100 =0.093s

25. 24kHz의 샘플링 주파수와 1,024포인트로 FFT하면, 주파수 해상도는?
1) 6.7Hz 2) 23.4Hz 3) 32.5Hz 4) 40Hz
☞ 24,000 /1,024 = 23.4Hz

26. 20kHz 샘플링 주파수와 2,048 포인트로 FFT 분석하면, 주파수 해상도는?
1) 6.5Hz 2) 9.8Hz 3) 11.7Hz 4) 40Hz
☞ 20,000 /2048 = 9.8Hz

27. FFT size로 사용하지 않는 것은?
1) 256 2) 512 3) 16,384 4) 25,000
☞ FFT 분석에서 2^n의 사이즈만 사용한다.

28. 진폭 해상도가 가장 좋은 시간 창은?
1) 구형창 2) 해밍창 3) 해닝창 4) 카이저창

29. 다음 그림은 같은 신호를 FFT 분석한 결과이다. 두 신호 처리의 차이점은?

1) ratio 2) time window 3) sampling rate 4) FFT size

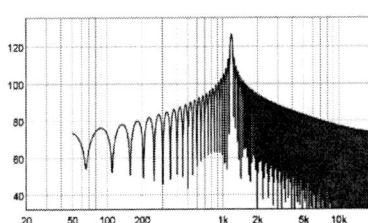 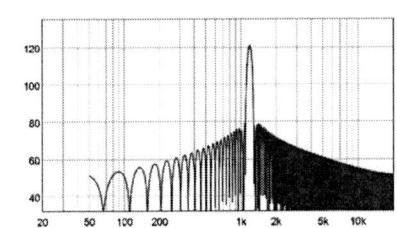

30. FFT 분석에서 저주파수 대역의 해상도를 높이는 신호 처리 기법은?
1) FPPO 2) averaging 3) smoothing 4) overlap

31. FFT 분석에서 샘플링 주파수의 1/2 이상의 신호를 차단하는 이유는?
1) aliasing 방지 2) 대역 확장 3) 잡음 방지 4) 다이내믹 레인지 확장

32. FFT 시간창에서 사이드 로브가 가장 적은 것은?
1) Blackman 2) Hamming 3) Kaiser 4) rectangular

33. 다음 데이터는 같은 시스템을 FFT 파라미터를 다르게 설정하여 분석한 결과이다. 무슨 파라미터를 다르게 세팅하여 분석한 결과인가?
1) ratio 2) time window 3) sampling rate 4) FFT size

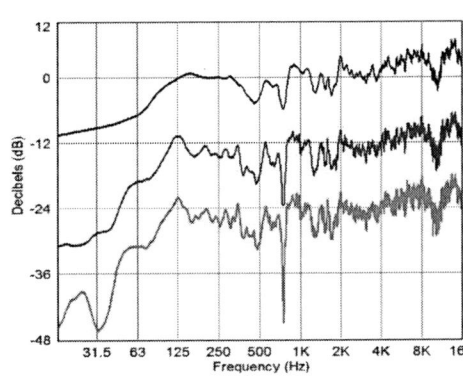

34. FFT 측정법을 이용하여 실내 공진 주파수를 측정하기 위한 방법 중에서 가장 적절한 것은?
1) 샘플링 주파수를 높게 한다. 2) FFT 사이즈를 작게 한다.
3) 진폭의 해상도를 높게 한다. 4) decimation 기법을 사용한다

35. FFT 방법에 의해서 음향 측정을 하는 경우에 주파수 해상도를 높이는 방법은?
1) FFT 사이즈를 크게 한다.　　　　　　2) 샘플링 주파수를 높게 한다.
3) 측정 시간을 길게 한다.　　　　　　　4) S/N 비를 크게 한다.

36. FFT 분석에서 주파수 축과 시간 축의 해상도를 높이는데 사용하는 신호 처리 기법은?
1) decimation　　　2) overlap　　　3) FPPO　　　4) correlation
☞ FFT 사이즈가 크면 주파수 해상도가 높지만, 시간 해상도는 떨어진다. Overlap 처리는 주파수와 시간 축상에서 해상도를 높이는데 사용한다.

37. FFT 분석 시에 유의해야 할 사항이 아닌 것은?
1) 2채널로 분석해야 한다.
2) 측정 신호는 핑크 잡음을 사용해야 한다.
3) 2채널의 신호의 시간을 일치시킨다.
4) S/N 비가 낮으므로 평균화 처리한다.

38. 500Hz 이하의 저주파수에서 고해상도를 얻기 위한 적절한 FFT 파라미터 세팅은?
1) 8kHz, 8K size　　　　　　　　　　2) 44.1kHz, 16k size
3) 8kHz, 32k size　　　　　　　　　　4) 40kHz, 32k size

39. 실내의 잔향 시간이 4초인 경우의 임펄스 리스폰스를 측정하기 위한 적절한 FFT 파라미터 세팅은?
1) 8kHz, 16K size　　　　　　　　　　2) 16kHz, 64k size
3) 40kHz, 32k size　　　　　　　　　　4) 44.1kHz, 16k size
☞ FFT 사이즈는 측정 시간의 길이를 결정한다. FFT 측정에서 중요한 법칙 중의 하나는 얻어진 데이터를 측정하고자 하는 데이터의 전체 시간을 나타내야 한다. 예를 들면, 실내 반사가 완전히 감쇠되는데 걸리는 시간이 2초이면, FFT 사이즈는 전체 데이터 길이가 최소한 2초가 되도록 선택해야 한다. 16kHz, 64K size로 FFT 처리하면, 64000/16000=4초가 된다.

40. 어느 기기의 음압 레벨을 측정하고자 할 때, 배경 소음은 기기의 음압 레벨보다 최소한 얼마나 낮아야 신뢰할 수 있는 데이터가 얻어지는가?
1) 3dB　　　　　2) 5dB　　　　　3) 7dB　　　　　4) 10dB

35) 1　36) 2　37) 2　38) 1　39) 2　40) 4

41. 소음이 많은 환경에서 음향 특성을 측정할 경우에 사용하는 신호 처리 기법은?
1) FFT 2) smoothing 3) averaging 4) coherence

42. 음향 측정시 100번 평균화 처리하여 측정하면, S/N 비는 몇 dB 향상되는가?
1) 10dB 2) 20dB 3) 30dB 4) 40dB

☞ 평균화 처리(averaging)는 여러 번 측정하여 그 측정치의 평균을 취하여 잡음을 감소시키고, 참 값에 가까운 값을 구하는 것이다. 측정을 M회 하면 잡음 성분은 $1/\sqrt{M}$로 감소되므로 S/N 비는 $\sqrt{M}$만큼 향상된다. $10\log M = 10\log 100 = 20dB$

43. 실내 반사음 패턴에서 에코를 관측하기에 가장 좋은 데이터는?
1) impulse response
2) energy time curve
3) Schroeder curve
4) time envelope

44. EDT가 RT60보다 짧은 경우가 아닌 것은?
1) 무지향성 음원으로 잔향을 측정한 경우
2) 초지향성 음원으로 잔향을 측정한 경우
3) 명료도가 높은 경우
4) 음원과 가까운 지점에서 측정한 경우

45. 실시간 분석기(real time analyzer)로 전송 주파수 특성을 옥타브 대역을 측정할 때 핑크 잡음을 사용하는 이유는?
1) 신호가 옥타브 대역으로 분석하면 평탄하므로 출력 자체가 특성이 된다.
2) 어떠한 신호를 사용해도 특별한 의미는 없지만, 청각 손상의 우려가 적다.
3) 백색 잡음보다 고음이 적으므로 시스템이 파손될 우려가 적다.
4) 피크 팩터가 작으므로 스피커 시스템 파손 우려가 적다.

46. 진폭 변화가 심한 시간 신호에서 그 속의 자세한 변화는 무시하고, 전체적인 특성을 알기 쉽게 하기 위한 처리 기법은?
1) smoothing 2) averaging 3) coherence 4) correlation

47. 그림b는 그림a를 무슨 신호 처리한 결과인가?
1) smoothing 2) averaging 3) FFT 4) coherence

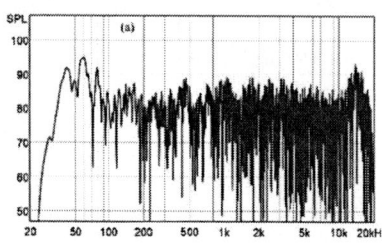 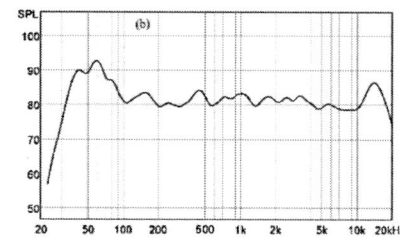

48. 평활화 신호 처리 중에서 청각 특성과 가장 유사한 대역은?
1) 0.1 옥타브   2) 0.2 옥타브   3) 0.3 옥타브   4) 1 옥타브

49. 음향 측정용 마이크의 설치 위치에 따라서 데이터가 바뀌는 것은?
1) 콤필터 왜곡   2) S/N 비   3) 고조파 왜곡   4) 다이내믹 레인지

50. 주파수 특성에서 콤필터 왜곡이 보이지 않도록 하기 위한 신호 처리 기법은?
1) FFT   2) smoothing   3) averaging   4) coherence

51. 다목적 홀의 스피커 시스템 특성이 다음과 같이 불규칙한 이유가 아닌 것은?
1) 콤필터 왜곡   2) 주파수 왜곡   3) 위상 왜곡   4) 혼변조 왜곡

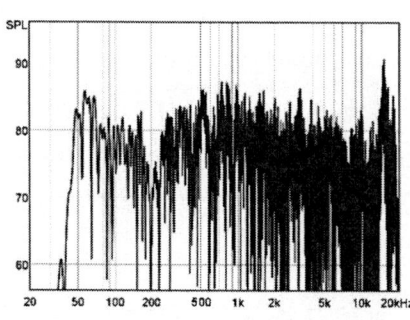

52. 주파수 축상에서 두 신호의 상관도를 알아 보기 위한 방법은?
1) coherence   2) correlation   3) FFT   4) averaging

☞ 코히어런스 함수(coherence function)는 두 신호의 유사성을 주파수 영역에서 구하는 것이다. 코히어런스가 낮은 이유는 S/N 비가 작거나 잔향음이 많기 때문이다.

53. 측정 결과와 청감이 일치하지 않은 이유가 아닌 것은?
1) 수량화 가능하지 않은 측정 데이터
2) 마이크와 청각 특성의 차이
3) 재생 레벨에 따른 음색 변화
4) 측정의 부정확도

54. 음향 시스템 특성을 측정한 결과에서 coherence가 낮게 나온 이유가 될 수 있는 것은?
1) 실내 소음이 많다.
2) 실내 잔향이 적다.
3) 시스템의 품질이 좋지 않다.
4) 명료하지 않다.

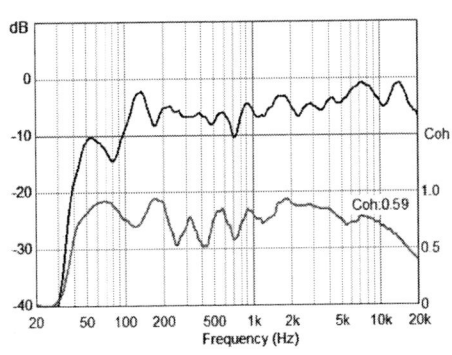

55. 일반 실내에서 스피커의 무향실 데이터를 얻기 위하여 10ms까지 time gating 측정을 하였다. 측정 결과 신뢰할 수 없는 저주파수는 몇 Hz 이하인가?
1) 50Hz
2) 70Hz
3) 100Hz
4) 125Hz

☞ 1/T=1/10ms=100Hz 이하는 신뢰할 수 없는 데이터이다.

56. 실시간 분석기(real time analyzer)로 스피커의 특성을 측정할 때, 백색 잡음을 음원으로 사용하면 어떠한 특성이 되는가? 단, 스피커의 주파수 특성은 평탄하다고 가정한다.
1) 평탄한 특성
2) -3dB/oct로 감쇠되는 특성
3) 3dB/oct로 증가되는 특성
4) 예측할 수 없다.

57. 음향 시스템의 전송 주파수 스펙트럼이 다음과 같이 측정되었을 때 예측되는 내용이 아닌 것은?
1) 크로스오버에서 위상이 맞지 않다.
2) 저음이 부족하다.
3) 음이 명료하지 않다.
4) 음질은 좋다.

53) 4 54) 1 55) 3 56) 3 57) 4

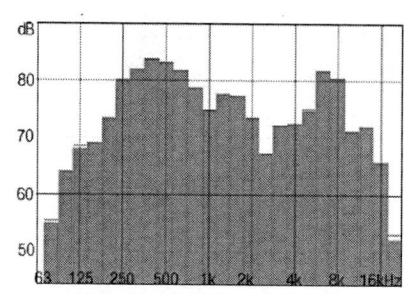

58. RASTI 계산에 사용되는 중심 주파수는?
1) 1kHz, 2kHz   2) 500Hz, 2kHz   3) 100Hz, 500Hz   4) 500Hz, 4kHz

59. 스피커 시스템의 전송 주파수 특성에서 어느 특정 대역에 dip이 발생되어 이퀄라이저로 그 딥을 보정하여도 보정되지 않았다. 다음 원인 중에서 가장 부적절한 것은?
1) 스피커 네트워크 특성   2) 콤필터 왜곡
3) 위상 왜곡   4) 임피던스 미스 매칭

60. 어느 한 공간의 같은 지점에서 측정한 두 반사음 패턴의 차이가 아닌 것은?

> ① (b)는 지향각이 좁은 스피커를 음원으로 사용하여 측정한 것이다.
> ② 측정용 마이크가 다르다.
> ③ 두 반사음 패턴의 잔향 시간은 거의 같다.
> ④ (a)의 반사음 패턴은 명료하지 않다.

1) ①, ④   2) ②, ③   3) ①, ③, ④   4) ①, ②, ④

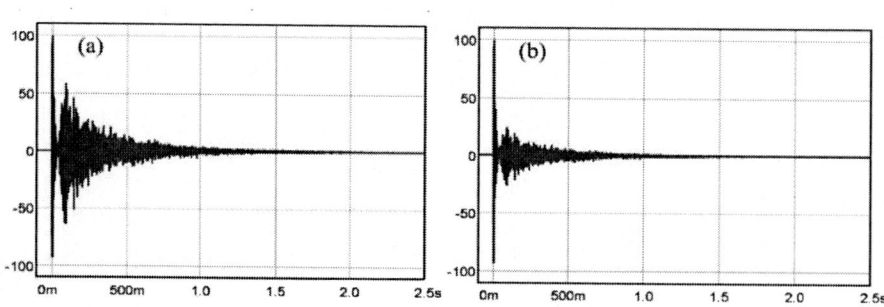

61. dry source를 공간의 음향 특성과 결합해서 청취할 때 사용하는 신호 처리 기법은?
1) convolution   2) decimation   3) correlaton   4) FFT

☞ 콘볼루션은 무향실에서 녹음한 음악이나 음성 신호를 어떤 공간에서 들으면 어떻게 들리는지를 미리 알아 보기 위한 경우에 사용한다. 즉, 무향 음원(dry source)에 어느 공간의 임펄스 리스폰스와 콘볼루션하면, 무향 음원에 공간 음향 특성이 더해져서 마치 그 공간에서 음악을 듣는 것과 같은 느낌을 갖게 해 준다. 여기에서 무향 음원이란 무향실에서 연주한 잔향이 전혀 없는 음원을 말한다.

17. 음향 제작

1. 영상에서 음악의 기능이 아닌 것은?
1) 인물의 상징적 기능
2) 영상의 구성, 전개, 진행을 나타내는 기능
3) 인간의 심리, 정서에 호소하는 기능
4) 시간적, 공간적 배경을 확인하는 기능

2. 청감 훈련에 해당되지 않는 것은?
1) 음량의 변화 지각
2) 주파수의 변화 지각
3) 음색의 변화 지각
4) 박자의 변화 지각

3. 동영상에 있어서 소리의 중요한 기능이 아닌 것은?
1) 특정한 정보를 전달한다.
2) 특정한 장소를 표현한다.
3) 동작의 방향을 지시한다.
4) 분위기를 표현한다.

4. 동영상에 있어서 소리로 표현할 수 없는 내용은?
1) 모양
2) 거리
3) 시간
4) 감정

5. 동영상에서 대화의 기본적인 역할이 아닌 것은?
1) 사건의 내용을 전달한다.
2) 시간적 의미를 표현한다.
3) 인물의 특징을 전달한다.
4) 상황 문맥을 묘사한다.

6. 영상 전반에 걸쳐 반복되어 나오는 주요 음악을 무엇이라고 하는가?
1) 스코어 뮤직
2) 라이브러리
3) 테마 뮤직
4) 소스 뮤직

7. 동영상에서 줄거리를 전개시키고 인물의 특징을 전달하며, 상황 문맥을 묘사해 주는 중요한 소리의 수단은?
1) 음악
2) 대사
3) 음향 효과
4) 소음

8. 음향의 미학 요소가 아닌 것은?
1) 주 피사체-배경 원칙
2) 음향의 원근법
3) 음향의 연속성
4) 음향의 단절성

9. 소리에서 내면적인(Inner Orientation) 표현 부분이 아닌 것은?
1) 분위기
2) 나레이션
3) 에너지
4) 심리적 상태

10. 소리의 외면적인(Outer Orientation) 표현 부분이 아닌 것은?
1) 감정
2) 공간
3) 시간
4) 상황

11. 음향의 원근법(Perspective)에 대한 적절한 설명은?
1) 대화하는 두 사람의 목소리는 샷의 변화와는 무관하게 그 소리의 크기는 똑같이 느껴진다.
2) 대화하면서 걸어오는 두 사람의 목소리는 롱샷에서 소리보다 클로즈업 샷에서 소리가 더 크게 느껴진다.
3) 대화하면서 걸어오는 두 사람의 목소리는 주변 소음과 같은 소리의 크기로 느껴진다.
4) 대화를 하고 있는 두 사람중에 화면에 나오는 사람의 소리가 더 크게 느껴진다.

12. 영상의 내용에 따른 적절한 소리과 음악을 선택하는데 있어서 선정 기준에 해당되지 않은 것은?
1) 컷트와 장면 시간적 개념의 기준에 맞게 영상과 음향을 결합한다.
2) 역사적 배경에 따라 시대에 맞도록 영상과 음향을 결합한다.
3) 사건, 장소에 익숙한 음향을 주제에 맞게 영상과 음향을 결합한다.
4) 영상에 나타난 장면의 분위기나 감정 상태에 맞추어 영상과 음향을 결합한다.

13. 영상에서 음악이 담당하는 역할이 아닌 것은?
1) 배우의 심리적인 묘사
2) 극 자체의 현재의 흐름
3) 영상과 영상 사이의 연결
4) 영상에 대한 비평

14. 음향에서의 fade in과 fade out에 대응되는 음악 용어는?
1) dim, cresc
2) sforzando, decresc
3) piano, cresc
4) cresc, decresc

15. 음향 제작에서 overlap이 의미하는 것은?
1) 한 음악이 끝나면 즉시 다른 음악이 나오는 것
2) 한 음악이 끝난후 0.5초 후에 다른 음악이 나오는 기법
3) 원래의 음악과 다음에 나오는 음악이 서로 일정 시간을 교차해 나오는 것
4) 어떤 특별한 영상에 대해 특별한 음악만을 반복해서 사용하는 기법

16. 스튜디오 녹음 중에서 절대적으로 사전 픽업이 필요한 효과음은?
1) 컵 놓는 소리   2) 탁자치는 소리   3) 파도 소리   4) 아나운서 멘트

17. 극에 수반되는 음악으로서 브리지 음악이 의미하는 것은?
1) 다리를 건너갈 때 사용하는 음악이다.
2) 주로 장면 전환 혹은 시간 경과의 묘사에 사용된다.
3) 어떤 특정한 주제나 사물에 대칭되는 음악이다.
4) 전체 영상물에 대한 주제 음악을 의미한다.

18. 영상에서 BGM의 사용 목적과 특징이 아닌 것은?
1) 어떤 특정한 주제나 사물에 대칭되는 음악이다.
2) 장면의 설명 묘사 정황의 설정 등에 사용하는 음악이다.
3) 대사와의 밸런스를 고려하여야 한다.
4) 가급적 대사의 역할을 보완해 주는 정도가 좋다.

19. 경기장 픽업 마이크 설치시 주의 사항이 아닌 것은?
1) 경기의 진행에 방해를 주지 않을 것
2) 관중의 방해를 받지 않을 것
3) 가급적 선수 가까이 마이크를 설치할 것
4) 악천후에 대한 대비가 필요

20. 음향 엔지니어가 되기 위해 필요하지 않는 것은?
1) 음악에 대한 지식   2) 악기의 음역에 대한 지식
3) 작곡.편곡 지식   4) 청감 능력

21. 영화나 드라마, 애니메이션에서의 음악의 전달 기능이 아닌 것은?
1) 극적 강화
2) 주제 전달
3) 내면의 감정
4) 시공간

22. 동작과 진행이 빠른 영상에 어울리는 음악은?
1) 장송곡 종류
2) 악상 기호가 Largo로 시작하는 음악
3) Moderato로 표기된 음악
4) Vivace 혹은 Allegro로 표기된 음악

23. 유쾌한 영상물에 어울리는 음악 선곡시 대체로 필요한 조성의 악곡은?
1) Am(가단조)
2) Cm(다단조)
3) G(사장조)
4) 12음계의 무조

24. 청감 훈련에 해당되지 않는 것은?
1) 음량의 변화 지각
2) 주파수의 변화 지각
3) 음색의 변화 지각
4) 원근감 변화 지각

25. TV 드라마 픽업시 직접적인 주의 사항이 아닌 것은?
1) 세트의 소리
2) 스탭진의 움직임
3) 적절한 마이킹
4) 효과음의 제작

26. Dynamic Range의 음향학적인 표현 방법은?
1) cresc - decresc
2) 최대 음압레벨 - 최소 음압레벨
3) ppp - fff
4) fade in - fade out

27. 음향에서 fade in이 의미하는 것은?
1) 레벨이 서서히 커지는 것
2) 레벨이 서서히 작아지는 것
3) 레벨이 서서히 커지다가 정점에 이른 후 다시 작아지는 것
4) 레벨이 서서히 작아지다가 정점에 이른 후 다시 커지 것

28. 음향에서 fade out이 의미하는 것은?
1) 레벨이 서서히 커지는 것
2) 레벨이 서서히 작아지는 것

3) 레벨이 서서히 커지다가 정점에 이른 후 다시 작아지는 것
4) 레벨이 서서히 작아지다가 정점에 이른 후 다시 커지 것

29. 영상 제작에 있어서 음향 효과의 설명으로 적절하지 않은 것은?
1) 촬영 현장 고유의 음이나 장면의 분위기 등을 증가시키기 위해 만든 음이다.
2) 촬영 현장의 바림 소리나 차 소리 등은 무의미한 잡음이므로 편집시 삭제한다.
3) 계절이나 현장의 분위기 등을 쉽게 이해할 수 있게 한다.
4) 음향 효과가 없으면 현장감이 없다.

30. 영상에서 음향 효과의 용도로 거리가 먼 것은?
1) 현장감   2) 장면의 전환
3) 인물의 심리 상태 표현   4) 인물의 과거 표현

31. 영상에 있어서 음악 효과의 설명으로 적절하지 않은 것은?
1) 음악의 멜로디, 리듬, 하모니는 인간의 감성에 곧바로 전달된다.
2) 프로그램 프로로그 부분의 음악을 오프닝 뮤직이라고 한다.
3) 프로그램 중에 사용되는 음악은 그 장면의 무드를 결정한다.
4) 한 가지 음악 효과는 한 장면내에서 마무리 되어야 하며 연결되는 장면으로 갈 수 없다.

32. 영상에서 음악 효과와 거리가 먼 것은?
1) 극적 긴장의 창조   2) 프로그램 성격과 무드의 명시
3) 상황 설정   4) 현장감

33. 영상 제작에서 음의 밸런스에 대한 설명 중에서 가장 적절하지 않은 것은?
1) 복수의 음이 존재하는 경우 각 음의 강약이 맞추어져 밸런스 있으면 현장감이 높아진다.
2) 밸런스는 복수의 컷 사이에서 필요하다.
3) 영상과 달리 음에는 원근감이 필요없다.
4) 영상과 맞추어 목적음의 거리감을 설정해야 한다.

34. 음원의 3요소가 아닌 것은?
1) 대사   2) 음향 효과음   3) 음악 효과음   4) 대본

35. 음성의 동기와 비동기에 대한 설명으로 옳지 않은 것은?
1) 사람의 표정을 클로즈 업 했을 때 영상과 음성이 일치하는 경우는 동기 컷이다.
2) 한 사람이 이야기하고 있을 때, 영상이 다른 인물의 표정을 클로즈업하는 것은 비동기 컷이다.
3) 컷의 동기, 비동기 여부는 영상표현에 있어 커다란 전제 조건이다.
4) 현장감을 강조하는 다큐멘타리 편집에서는 반드시 동기 컷만을 구사해야 한다.

36. 마이크를 카메라에 접속하지 않고 별도의 테이프 레코더에 접속할 경우의 장단점으로 적절하지 않은 것은?
1) 녹화와는 관련없이 목적음을 자유롭게 수록할 수 있다.
2) 카메라의 제약없이 마이크 배치를 자유롭게 설정할 수 있다.
3) 일반적으로 더 좋은 음질을 기대할 수 있다.
4) 화면과 동기시키기가 간단하다.

37. 장면의 공간감이나 배경음으로 현장감을 나타내는 음을 무엇이라고 하는가?
1) Dialog   2) BGM   3) Ambience   4) OST

38. 다음 설명 중에서 가장 적절한 설명은?
1) 영상을 제시하면 음악 신호만 재생한 경우보다 음질이 좋게 느낀다.
2) 영상을 음악을 같이 제시하면 영상의 품질이 더 좋게 느껴진다.
3) 청각은 지향성이지만, 시각은 무지향성이다.
4) 화면의 크기와 소리의 S/N 비가 대응된다.

39. 영화에 들어가는 모든 사운드를 감독하고 책임지는 사람은?
1) PD   2) sound editor   3) sound supervisor   4) sound designer

40. 음향 효과음의 종류로서 맞지 않는 것은?
1) 자연 음   2) 가공 음   3) 이미지 음   4) 편집 음

41. 광고에서 음식의 모양만 보여주는 것이 아니라 조리되는 소리나 먹는 소리를 강조하여 눈과 귀를 자극하는 기법은?
1) 플라세보 효과   2) 시즐 효과   3) 바넘 효과   4) 포러 효과

42. 소리를 다루는 전문가가 되기 위한 요건으로 맞지 않는 것은?
1) 소리에 관련한 폭넓은 지식을 가져야 한다.
2) 소리의 물리적인 특성을 알아야 한다.
3) 소리가 사람에게 어떻게 들려야 감동을 주는가를 알아야 한다.
4) 청감은 시간이 지나면 자연적으로 얻어진다.

43. 청능은 무엇을 말하는 것인가?
1) 소리를 들을수 있는 최소 가청 한계를 말하는 것이다.
2) 청력의 좋고 나쁨을 말하는 것이다.
3) 음질의 좋고 나쁨을 판단할수 있는 능력을 말하는 것이다.
4) 태어날 때 부터 타고나는 음향적 소질을 말하는 것이다.

Part 4
기술형 문제

I. 음향 이론

1. 음향 엔지니어에게 있어서 청감 능력이 왜 중요한지 기술하시오.

2. 음향 엔지니어가 갖추고 있어야 할 전문가적 자질에 대해서 기술하시오.

3. 음의 3요소와 청감과의 대응 관계에 대해서 기술하시오.

4. 주파수 대역별 음색의 특징에 대해서 설명하시오.

5. 콤필터 왜곡은 어떠한 경우에 생기고, 음질에 어떠한 영향을 주는지 기술하시오.

6. 명료도 열화 요인에 대해서 설명하시오.

7. 선음원과 점음원의 특징과 거리 감쇠에 대해서 설명하시오.

8. 주파수 스펙트럼에 의한 음의 분류에 대해서 설명하고, 특징에 대해서 기술하시오.

9. 핑크 잡음은 어떠한 특성을 가지고 있고, 어느 경우에 사용되는지 기술하시오.

10. 음의 엔벌로프에 대해서 설명하시오.

11. 청각의 라우드니스 특성에 대해서 설명하고, 음향 기술에 어떻게 응용되는지 기술하시오.

12. 음악의 청취 레벨에 따라서 음악의 음색이 변하는 이유에 대해서 설명하시오.

13. 선행음 효과에 대해서 설명하고, 녹음과 PA 음향에서 어떻게 응용되는지 기술하시오.

14. 음향에서 있어서 긍정적인 마스킹 효과와 부정적인 마스킹 효과의 예를 기술하시오.

15. 마스킹 효과에 대해서 설명하고, 음향 기술에 어떻게 활용되는지 설명하시오.

16. 청각 특성과 마이크 특성과의 차이에 대해서 설명하시오.

17. 입체 음향의 효과에 대해서 기술하시오.

18. 2채널 스테레오 시스템의 특징과 한계점에 대해서 기술하시오.

19. 5.1 채널 서라운드의 특징에 대해서 설명하시오.

20. THX 실내 음향 규격에 대해서 기술하시오.

21. 고조파 왜곡은 어떠한 경우에 생기는지 설명하고, 이 왜곡이 생기지 않게 하는 방법에 대해서 기술하시오.

22. 주파수 특성은 어떠한 물리적 의미를 가지고 있는지 설명하고, 바람직한 특성의 조건에 대해서 기술하시오.

23. S/N 비와 다이내믹 레인지의 정의에 대해서 기술하시오.

II. 음향 기기

1. 마이크 지향성 종류를 설명하고, 각각의 활용에 대해서 설명하시오.

2. 마이크의 근접 효과에 대해서 설명하고, 근접 효과를 피하기 위한 방법에 대해서 기술하시오.

3. 마이킹할 때 발생될 수 있는 콤필터 왜곡에 대해서 설명하시오

4. 평탄형 마이크와 변형형 마이크의 특징에 대해서 기술하고, 사용 용도에 대해서 설명하시오.

5. 자유 음장 마이크와 확산 음장 마이크의 차이점에 대해서 설명하시오.

6. 믹싱에서 악기음 간의 마스킹을 피하기 위해서 사용되는 기법들을 설명하시오.

7. 믹싱에 응용하는 청각 특성에 대해서 기술하시오.

8. 앰프의 브리지 모드의 원리와 어떠한 경우에 사용하고, 그 장점이 무엇인지 설명하시오.

9. 이퀄라이저 활용 방법과 활용 시 주의해야 할 사항에 대해서 기술하시오.

10. 음악에 잔향을 부가하면 잔향에 의해 음악의 명료도가 낮아지게 된다. 그 이유와 이것을 방지하기 위한 방법에 대해서 설명하시오.

11. 아날로그 신호를 디지털화 하는 과정에 대해서 기술하시오.

12. 디지털 오디오의 장점에 대해서 기술하시오.

13. 음향 기기의 접속에서 왜 실드 케이블과 스피커 케이블을 구분하여 사용해야 하는지 설명하시오.

14. 댐핑 팩터의 의미에 대해서 설명하시오.

15. 청감 테스트 음원으로서 갖추어야 할 조건에 대해서 기술하시오.

16. 복합형 스피커 시스템에서 시간 정렬의 의미와 중요성에 대해서 기술하시오.

17. 스피커 시스템을 스태킹 스프레이한 경우에 생길 수 있는 문제점에 대해서 기술하시오.

18. 스피커 시스템의 튜닝 절차와 방법에 대해서 기술하시오.

19. 3웨이 스피커 시스템의 특성이 다음과 같을 때 예측할 수 있는 모든 내용을 설명하시오.

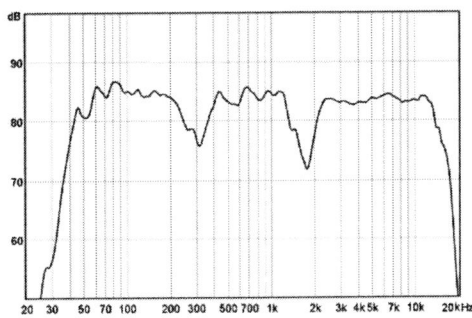

20. 일반 스피커 시스템과 비교하여 라인 어레이 스피커 시스템의 장단점에 대해서 설명하시오.

21. 라인 어레이의 천이 거리에 대해서 설명하시오.

22. 라인 어레이를 다음 그림과 같이 설치한 경우의 문제점을 기술하시오.

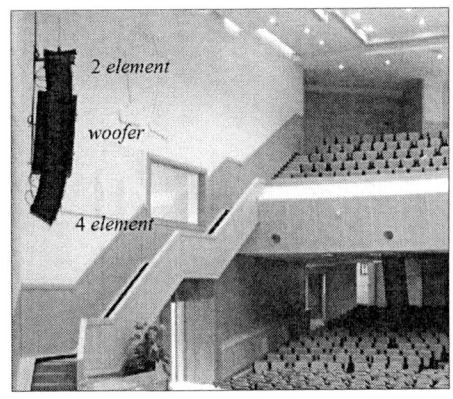

III. 음향 응용

1. rms의 물리적 의미에 대해서 설명하시오.

2. 피크 팩터의 의미와 음향 측정시 피크 팩터는 어떠한 점에서 중요한지 설명하시오.

3. 임피던스 매칭에 대해서 설명하고, 왜 필요한지 설명하시오.

4. 위상 특성에 대해서 설명하고, 그 중요성에 대해서 기술하시오.

5. 리사주 패턴에 대해서 설명하고, 어떠한 용도로 활용하는지 설명하시오.

6. 음향 측정에서 log 스케일을 사용하는 이유에 대해서 설명하시오.

7. 잔향 시간의 정의와 3종류의 잔향 시간 계산식을 설명하시오.

8. 공간 음향 효과에 대해서 기술하시오.

9. 좋은 실내 음향 조건에 대해서 기술하시오.

10. 실내 음향 설계시 고려해야 할 사항에 대해서 설명하시오.

11. 10,000명을 수용하는 체육관의 실내 잔향시간 주파수 특성이 다음과 같을 때 예측되는 음향 특성에 대해서 해석하시오.

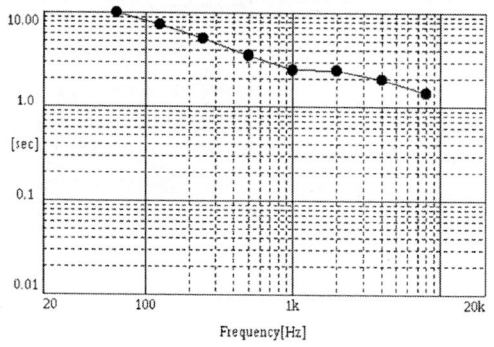

12. 흡음재와 흡음 구조를 분류하고, 각각의 특성에 대해서 설명하시오.

13. 실내 음향 장해 현상에 대해서 기술하시오.

14. 음향 시뮬레이션 상에 나타나는 것과 나타나지 않은 음향 특성에 대해서 설명하시오.

15. 음향 평가 파라미터 중에서 공간 파라미터에 대해서 기술하시오.

16. 명료도를 평가하는 척도의 종류에 대해서 기술하시오.

17. 정재파에 대해서 설명하고, 정재파가 음질에 미치는 영향에 대해서 설명하시오.

18. 스튜디오나 리스닝 룸과 같은 공간을 설계할 때, 콘서트 홀과 다른 관점에서 고려해야 할 점에 대해서 기술하시오.

19. 1000석 홀의 임펄스 리스폰스로부터 유추할 수 있는 공간의 실내 음향 특성에 대해서 기술하시오.

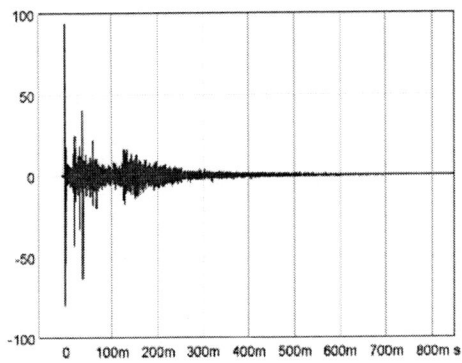

20. 임계 거리는 물리적으로 어떠한 의미가 있으며, 무엇에 활용하는지 기술하시오.

21. 실내의 허용 소음은 어떠한 척도를 사용하며, 실내 적용 기준에 대해서 설명하시오.

22. 다음과 같은 홀의 평면도에서 예측할 수 있는 음향 특성에 대해서 기술하시오.

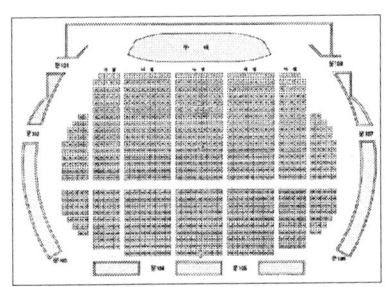

23. 체육관의 반사음 패턴이 다음과 같을 때 예측되는 음향 특성에 대해서 기술하시오.

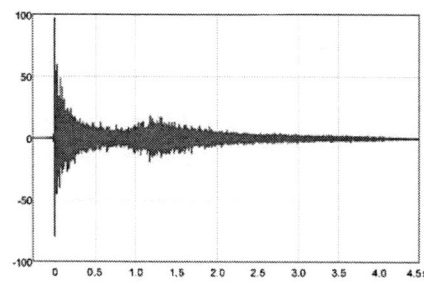

24. 체적이 다른 A와 B의 두 공간이 있다. A 공간은 잔향 시간이 1.5초이고, B 공간은 잔향 시간이 0.5초이다. 그런데 잔향 시간이 0.5초인 A 공간이 더 울린다. 잔향 시간이 짧은 공간이 더 울리는 이유에 대해서 설명하시오.

25. 정량화할 수 없는 실내 음향 품질에 대해서 기술하시오.

26. 다목적 홀의 음향 시스템 설계 시에 집중 방식과 분산 방식의 스피커 시스템 설계의 장단점에 대해서 설명하시오.

27. 음향 시스템의 음질 열화 요인에 대해서 기술하시오.

28. 음향 시스템 측정 평가 파라미터에 대해서 설명하시오.

29. 공간 내에서 스피커 설치 위치가 적절하지 않은 경우에 생길 수 있는 문제점들을 기술하시오.

30. 음향 하울링을 조정 방법과 음향적으로 최소화하는 방법에 대해서 기술하시오.

31. 음향 시스템의 하울링이 잘 제어가 되지 않은 경우에 예측되는 주요 원인에 대해서 기술하고, 각각의 해결 방법에 대해서 기술하시오. 스피커 시스템의 지향각은 90도×90도이다.

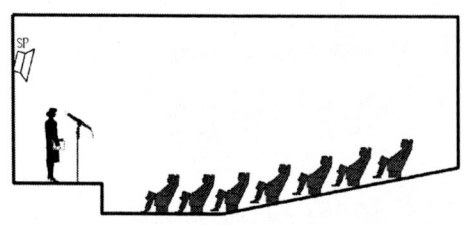

32. 음향 시스템의 전송 주파수 특성을 보고 예측할 수 있는 사항에 대해서 기술하시오.

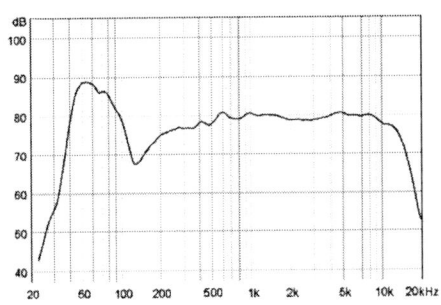

33. 다목적 홀의 음향 시스템 전송 주파수 특성이 다음과 같을 때 예상되는 내용에 대해서 기술하시오.

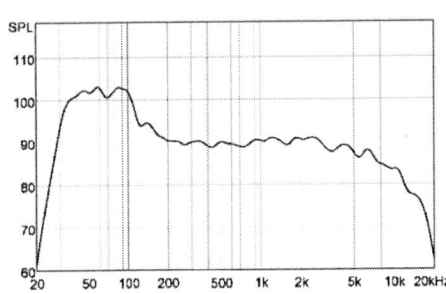

34. 잔향이 많은 공간에서 음향 시스템의 명료도를 확보하는 방법들에 대해서 기술하시오.

35. 잔향이 많은 공간에서 명료도가 좋지 않은 음향 시스템을 재설계할 때, 건축적인 방법과 음향 시스템적인 방법에 대해서 기술하고, 각각의 장단점을 기술하시오.

36. 건축음향 가변 시스템과 전자 음향 가변 시스템의 차이에 대해서 설명하고, 각각의 장 단점에 대해서 기술하시오.

37. 이퀄라이저와 RTA로 음향 시스템을 룸 튜닝 할 때, 절차와 방법에 대해서 기술하시오.

38. 이퀄라이저로 룸 튜닝하기 전에 반드시 선행해야 하는 작업에 대해서 설명하시오.

39. 이퀄라이저로 룸 튜닝이 되지 않은 경우에 대해서 기술하시오.

40. 음향 시스템의 측정 목적이 무엇인지 기술하시오.

41. 배경 소음이 많은 환경에서 음향 측정할 때 사용하는 신호 처리 기법에 대해서 기술하시오.

42. 음향 측정 결과의 코히어런스가 낮은 이유에 대해서 설명하시오.

43. 같은 실내에서 음원을 무지향성을 사용한 경우와 지향성을 사용한 경우에 반사음 패턴은 어떠한 차이가 있는지 기술하시오.

44. FPPO는 무슨 문제를 해결하기 위한 신호 처리 기법인지 설명하시오.

45. 핑크 잡음은 주파수가 2배 증가할 때마다 에너지가 −3dB씩 감쇠되는 잡음이지만, 옥타브 대역으로 분석하면 평탄하게 나타나는 이유를 설명하시오.

46. (a)와 (b)의 반사음 패턴은 같은 공간의 같은 지점에서 측정한 것이다. 이 차이가 날 수 있는 원인에 대해서 기술하시오.

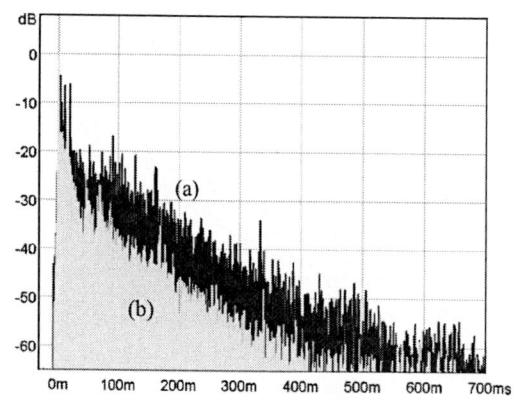

참고문헌

1) 강성훈, 신판 음향기술총론 (사운드미디어) 2021.

2) 강성훈, 음향시스템 튜닝과 측정 (사운드미디어) 2019.

3) 강성훈, 공간음향설계 (사운드미디어) 2020.

4) 강성훈, 음향시스템기술 (사운드미디어) 2021.

7) F. A.Everest, The master handbook of acoustics, TAB Books(1994).

8) D. Davis & C Davis, Sound system engineering, Howard W. Sams & Co.(1987).

음향전문사 자격시험 대비
음향 문제집

2010년 1월 27일 인쇄
2010년 1월 31일 초판 발행
2024년 12월 1일 6판
편저 _ 음향전문사 자격검정위원회
발행인 _ 한 종 수
발행처 _ 사운드미디어
주소 _ 경기도 고양시 일산동구 정발산동 1168
전화 _ 031)924-0078
팩스 _ 031)912-0937
e-mail _pamag1997@naver.com
URL _ www.paonline.co.kr

ISBN 978-89-94314-34-1
정가: 20,000원

이 책의 저작권은 저자 및 본사에 있습니다.
무단 진재나 복사는 법에 의해 금지됩니다.